中华先烈人物故事汇

许继慎

军事科学院解放军党史军史研究中心

学习出版社

中华先烈人物故事汇《许继慎》编委会

目 录

Contents

引　子

许继慎，1901 年出生在安徽省六安县石堰乡（今六安市裕安区青山乡）土门店一个普通农民家庭。原名许绍周，幼年时在家乡读私塾，1919 年五四运动后到安庆求学。1920 年考入设在安庆的省立第一甲种工业学校。不久，转入省立第一师范。1921 年加入中国社会主义青年团，成为安徽早期的社会主义青年团团员之一。同年 6 月，当选为安徽省学生联合会常务委员兼联络部部长。先后参加和领导了以安徽学联为主体的安庆“六二”学潮、驱逐六安知县骆通和反对曹锟贿选等一系列反帝、反封建的革命运动。1923 年 10 月，遭到反动当局的通缉，被迫逃亡上海，进入上海大学旁听学习。

1924 年 5 月，许继慎考取黄埔军官学校，成为第一期学员。入校不久，结识了中国共产党早期优秀党员蒋先云，阅读了《共产党宣言》《唯物史观》《马克思主义十讲》等著作，是军校“中国青年军人联合会”的主要领导人之一。同年9月，许继慎与周恩来相识，并在周恩来的直接领导和亲切教诲下，从事革命活动。毕业后，被分配在军校新编教导团第2排任排长。第一次东征时，作战英勇，成绩显著，被提升为连党代表。棉湖战役后，调任连长。第二次东征时，升任第7团党代表办公室少校干事、代理团党代表。

1926年，许继慎调至干部训练班第2中队任中队长。3月“中山舰事件”后，黄埔军官学校和军中的共产党员被迫离职，他乘隙回乡探亲。7月参加北伐战争，担任叶挺独立团第2营营长。同年冬担任由叶挺独立团扩编的第4军第25师第73团参谋长。1927年春，调任叶挺第11军第24师第72团团长。5月，夏斗寅发动叛乱，进袭武汉，他率部英勇阻击，配合其他各部平定了叛乱，为保卫武汉立下大功。后至上海养伤。9月，受党中央派遣，回皖西组建革命武装。不久，因人告密，遭受通缉而被迫离开皖西，再赴上海，在中央军委直接领导下从事革命活动。1929年1月，中央军事部部长、组织部部长周恩来在处理中共六安县委与中共安徽省临委之间分歧时，他奉命开展了一段不公开的统战工作。

1930年3月，中央决定将鄂豫边、豫东南、皖西北的3支红军队伍合编为中国工农红军第1军，派许继慎任军长。1930年四五月，他到达鄂豫皖边区，与曹大骏、徐向前一起，胜利完成红1军的整编组建工作。6月，率红1军向六安、霍山地区的反动据点发起进攻，先后收复流波碹、麻埠等地，同时攻克霍山县城，歼敌地方武装千余人。继而又攻克英山、罗田等城镇，壮大了红军队伍，巩固和扩大了鄂豫皖革命根据地。8月，红1军与鄂豫皖边特委联合组成“京汉特区行动委员会”，奉命出击平汉线、进攻中心城市，途中因敌固守受阻。10月中旬，红1军攻克光山后改选“前委”，因军内错误地认为他在平汉线上“作战不力”，未选他为前委委员。12月，国民党反动派对鄂豫皖革命根据地发动了第一次大规模的“围剿”，他率红1军东出皖西，获得了东、西香火岭战斗的胜利，取得了第一次反“围剿”的成功。

1931年1月，红1军与红15军合编为红4军，他改任红4军第11师师长。2月下旬，他率红11师向信阳以南平汉铁路进逼，先后袭占了李家集和柳林车站，接着在孝感双桥战斗中，全歼敌第34师。4月，张国焘作为党的六届四中全会后的中央代表，到鄂豫皖根据地主持中共鄂豫皖中央分局工作，“改选”当地的党和红军的领导。许继慎被调任红12师师长兼皖西军分会主席。因他坚决反对和抵制张国焘强令推行的“左”倾冒险主义错误政策，而遭到张国焘的忌恨。9月，被张国焘非法逮捕和严刑逼供，11月，被秘密杀害于河南光山白雀园。

1945年，在党的七大上，中央为他平反昭雪，恢复他的党籍，追认他为革命烈士。在延安时期编纂的革命烈士名录里，许继慎排在第一位。1981年，时任中共中央主席胡耀邦在庆祝中国共产党成立60周年大会上称许继慎是“早年为党为国捐躯的人民军队的杰出将领”。

1988年，被中央军委确定为中国人民解放军军事家；2009年，被评为“100位为新中国成立作出突出贡献的英雄模范人物”之一。

01 勇立潮头唱大风

疾恶如仇敢担当

许继慎出生在一个普通的农民家庭，由于父母没有文化，在生活中吃了不少苦头，因此，他的父母下决心让孩子们读书。许继慎兄妹三人，他排行老大，下面有一个弟弟、一个妹妹。他自幼聪明好学，9 岁时入家乡的私塾读书。刻苦用功、严于律己，才华出众、品学兼优，在同学中很有威信。当时，同学中有些人的学习自觉性很差，只要塾师不在，就带头起哄，甚至赌钱、唱小戏。但是，他们都很害怕许继慎。每当他们胡闹时，许继慎总是以“少壮不努力，老大徒伤悲”来劝诫他们。对个别不听劝的，许继慎甚至会动起拳脚。每到这时，那些不堪教化的小纨绔也不得不有所收敛。一个姓施的同学依仗塾师之宠，不仅不听规劝，反而诬告许继慎。许继慎在一次放学回家的路上，狠狠地揍了他一顿。从此，这位同学再也不敢拨弄是非了。由于许继慎在同学中的威信极高，同学们都亲切地尊称他为“大学长”，也有的称他为“二先生”。后来，塾馆先生每有事外出，即令许继慎负责维持秩序。

少年许继慎性情豪爽、热情奔放，乡里一些青少年都乐于跟他交朋友。他还爱打抱不平、见义勇为、主持公道，不仅在同学中威信很高，而且结交了很多朋友，也赢得了父老乡亲的喜爱。

许继慎 12 岁那年的一个夏天，他的家乡六安一带天气大旱，正在抽穗的稻苞出了很多“白吊子”（方言，指扬花的稻穗子上花谢了、稻粒瘪了）。一天中午，许继慎放学回家路过许寡妇家门口时，只见许寡妇正伤心地痛哭，许继慎便走上前去打听原委。原来，邻居何家欺负她夫亡子幼，不顾许寡妇家庄稼亟待浇水，强行用水车“车”了她家仅有的半塘水。此时，塘中的水就是田中的稻，田中的稻就是家人的命。许继慎听完就说，这事交给他来办。之后，许继慎就趁着何家车水的人回家吃午饭的机会，将水车上的车头拆下来砸了。许寡妇害怕。许继慎说，你不用怕，有事叫何家来找他。

午饭后，何家发现水车头被砸了，便咬定是许寡妇干的，并要动手打她。许寡妇无奈，只得照实说了出来。何家人多势众，听说是许继慎砸了他家的水车头，不禁火冒三丈。许继慎则毫不示弱，只说两条：塘随田租，许家的塘与何姓无关；何家强车许家的塘水，东家是否还要收取许家的租课？东家听许继慎说罢，当众裁断：强车许家的塘水，欺负孤儿寡母，是姓何的不对，理上难容。遂命何家撤车。何家又提出要许寡妇赔偿车头。许继慎说："要赔，由我来赔。不过，我要你们算算，一张四人的水车，半天车去许家塘中多少水？现在是瓢水碗稻的时候，水就是粮食。你还水，我就还你的车头，两不还，你家还占了便宜呢。"一席话，把何家说得无言可对。

从此，小小年纪的许继慎便在家乡一带有了一些名气！

“六二”学潮当先锋

辛亥革命的爆发给少年许继慎带来深刻的影响，使他懂得了“革命”二字的意义。1917 年，16 岁的许继慎走出家乡到县城读书，在老师张侍臣的教导下，学到了新文化，开阔了眼界。1919 年，五四运动爆发后，他积极参加学生运动。1920 年考入安徽省立第一甲种工业学校，后转入安徽省立第一师范。许继慎在师范读书时，五四运动促进了马列主义在中国的传播，许继慎、蔡晓舟、方乐舟、王步文、舒传贤、童汉璋、杨溥泉等先进青年学子在安庆组织了马克思主义研究会。1921 年春，许继慎、蔡晓舟、方乐舟、王步文、舒传贤、童汉璋、宋伟年、杨溥泉、王光强、胡养蒙、刘天予等 20 多人，在安庆怀宁县学宫内召开了安庆社会主义青年团建团筹备会议，讨论了建团准备工作的有关事宜。会上，散发了由上海带来的

《共青团简章》和《先驱报》等进步报刊，介绍了俄国十月社会主义革命的情况，讲解了社会主义青年团的性质、任务和入团应具备的条件，号召同学们积极争取加入组织。同年夏，他们又在菱湖公园茶社正式召开了安庆社会主义青年团成立大会，建立了安庆社会主义青年团。许继慎和蔡晓舟、刘天予、柯庆施、舒传贤、王步文、周骏、方乐舟、童汉璋、杨溥泉、皮言智、彭干臣、余大化、张友鸾、魏隶园、黄晋卿、詹春泉、蒋树成等40多人参加了会议。许继慎是安庆社会主义青年团创建者之一，也是安徽最早的社会主义青年团团员之一。此后，许继慎便以安徽省立第一师范学联负责人的身份，积极参加和领导爱国学生运动。

在此期间，直皖战争皖系战败，直系军阀夺得了北洋政权，占有华北和长江流域，安徽也在其统治之下。直系军阀头子曹锟企图自当大总统，先后把一些亲信派往各地，控制地方权力。先后派到安徽的有倪嗣冲、马联甲、倪道烺、李兆珍、许世英、吕调元等人。他们镇压民主运动，捕杀革命志士，摧残教育，中饱私囊。全省每年只拨教育经费

60 多万元。所以，安徽的反帝反封建反军阀斗争，首先是以革命学生为先锋，以革命知识分子为骨干，以争取教育经费独立为突破口。安徽省学校联合会、省学生联合会、安徽省教育会等团体，多次联名上书，向省议会呼吁，要求增加教育经费。但是，省议员们只会拍马，只知捞钱，根本不听人民的呼声。

1921 年，统治安徽多年的北洋军阀嫡系、安徽督军倪嗣冲因病残废后，由他的侄儿倪道烺继承其权力，他们的亲信、北洋政府步兵统领聂宪藩任省长，马联甲任皖南镇守使兼安徽军务帮办。这些人为了让倪嗣冲益寿延年，在蚌埠给倪嗣冲建了一个益生祠，预定于当年 6 月 7 日举行落成典礼。届时，省议员都要赶去庆贺。在安庆的议员决定 6 月 3 日出发。议员们一走，增加教育经费的问题势必要拖延下去。为了解决经费问题，省、市学联决定抓住这个机会，在议员们离开安庆之前，派出代表，于 6 月 2 日晚到省议会请愿。

1921 年 6 月 2 日晚上，省议会正在大摆宴席，宴请倪道烺、马联甲。学生代表、省学联会长方乐舟等 12 人冲破了警察的阻拦，冲进省议会，找到副议长赵继椿。赵怒气冲冲地质问学生：“你们是哪个学校的？跑来干什么？”学生们回答说：“我们是各校学生的代表，来要求增加教育经费，请议长到学生会去谈谈，给我们一个明确的答复。”赵继椿不等学生说完，厉声命令省议会卫队：“把这些小家伙撵出去！”卫队士兵齐声大喝：“滚出去！”代表们坚决不退。卫队士兵竟抓起板凳砸打代表。代表人少势孤，无力抵抗，只得夺门而出，往梓潼阁一中、龙门口一师报信。一中随即与全市各学校紧急联系，传达学生代表被打的消息，召集全市学生跑步到省议会抗议。

当天晚上 8 时，许继慎等组织第一师范学校、第一甲种工业学校等学校约千名学生，先后向省议会后门口集中。马联甲打电话给驻东门外的旅长史俊玉，命令他立即率部队前来弹压。于是，两支队伍在省议会后门遭遇。一师学生姜高琦走在队伍的最前面，被军阀部队一连刺了 7 刀，重伤倒地。其他学生被迫后撤。从杨家拐到韦家巷是一条狭窄的小街，学生挤满了街道，前冲的和后撤的推挤拥撞到一起，十分混乱。军阀部队乘机肆意殴打学生，许多学生被打倒、挤倒，重伤 39 人、轻伤 205 人。

在这危险的时刻，许继慎不顾个人安危，镇定自若地指挥同学们撤退，救护被打伤倒地的同学。法校校长光明甫听说大批学生被打伤，直奔省议会质问。他进门后，看见学生姜高琦、周肇基躺在卫士室里，满身血污，赶快让学生把他们送到同仁医院抢救，接着又向省议会大厅冲去。卫队上前拦阻，被法校教员史磊水、孙闻园推开，3 个人一起冲了进去。倪道烺自知理亏，慌忙逃走，让马联甲应付。

光明甫严厉责问马联甲："你为什么无故打伤学生？重伤还不准医治？两国交战，对伤兵彩号和俘虏还进行医治、抢救，难道你们视学生比敌人还厉害吗？！"马联甲眼射凶光，绷起一脸横肉，抢前一步，左手抓住光明甫的衣领，右手朝着光明甫的脸上打去。光明甫的眼镜被打落在地。光明甫毫不畏惧，用手指着马联甲大声呵斥："马联甲！

你岂有此理！你今天逞凶，明天可不要耍赖皮！”说罢，随手打了马联甲两记耳光。

马联甲恼羞成怒，拔出手枪对着光明甫。光明甫也怒目挺胸地对着马联甲。警察厅长程炎勋害怕事态扩大，赶忙上来，连劝带拉，把光明甫送出省议会。

军阀的暴行激起了人民的愤怒。安徽省教育会、教职员联合会、学生联合会、商会、工会、农会、律师公会、医师公会、新闻记者公会、法政同学会等“十公团”各推出代表在省教育会设立联合办事处，后来又成立起“六二”惨案后援会，通电北京、天津、上海、南京、武汉等城市，要求伸张正义。

许继慎以一师学联会负责人的身份，也作为学生联合会的代表参加了联合办事处的工作。“六二”惨案后援会成立之后，他又参加了该会的工作。他一面说服教育界的某些人克服妥协思想，一面纠正学生中主张硬拼的过激情绪，还一面发动各校举行罢课。为了争取全省舆论界的支持，他夜以继日地奔走呼号，做了大量工作。由于许继慎的联络和舆论工作做得好，安庆各校校门都悬挂起写着“议员、军阀残杀学生，全体罢课，誓与偕亡”的巨型白布横幅。芜湖、六安、蚌埠、潜山、太湖的学生也奋起响应。许继慎家乡的省立第三甲种农业学校不仅成立了“六二”惨案后援会，还派出代表专程赴省会，与安庆学生并肩战斗。各地报纸纷纷以醒目的标题、显著的版面，大量刊登有关“六二”学潮的消息、评论，指责倪道烺、马联甲的暴行，使倪道烺、马联甲陷于空前的孤立。

“六二”惨案发生后，安庆学生一致认为，要提高学生运动的水平，就要加强学联会的领导，必须选一些精明强干的人担任学生会干部。于是，省学联进行了改选。

安徽省学联是在五四运动时期建立起来的。开始时叫安庆学生团，后来改组为安庆各中等以上学校学生临时联合会，会长是陈元礼，副会长是朱瑗（朱子帆）。以后又改组为安徽全省学生联合总会，会长是方乐舟，副会长是童正常、童汉璋。“六二”惨案之后，省学联再次进行了改组，舒传贤任会长，周骏（周新民）任副会长，许继慎当

选为常委兼联络部部长，王步文、童长荣、童汉璋、杨溥泉、彭干臣、刘培寿、江完白、郑鼎（李云鹤）、汤志先等为常委或委员。下设文书、交际、宣传、组织、经济、教育6个股。许继慎与安徽教育界著名进步知识分子刘希平、沈子修、光明甫、王肖山的关系都很好。他思想敏锐，勇敢机智，凡交给他的任务，都能圆满完成。

1921年7月1日，姜高琦因重伤不治，在同仁医院逝世。这是许继慎亲眼见到的被封建军阀杀害的第一个爱国热血青年。他悲愤至极！全市各界群众和全省各地代表在黄家操场召开了万人声讨大会，会后举行了游行示威。他们举着姜高琦的血衣，许继慎亲自举起“杀马（马联甲）”的漫画，冲进副议长赵继椿和倪嗣冲的御用工具——公益维持会分子的住宅，高呼“惩办凶手”“打倒军阀”“血债要用血来还”等口号。8月2日，安庆各界又在黄家操场召开了追悼姜高琦大会。

同时，“十公团”向北洋政府大理院控诉倪、马血腥屠杀青年学生的暴行，要求将他们撤职查办。北洋政府迫于全国舆论的压力，一度将倪道烺拘禁。安徽反动当局也被迫同意议员永远不得兼任校长，并将教育经费增加到 150 万元，成立教育经费管理处，由教育界推派人选负责，独立自决，同时，抚恤了姜高琦的家属。

1922 年 11 月 10 日，周肇基因肺部受伤过重，不幸逝世。12 月 10 日，安庆各界在西门外善堂举行了隆重的追悼会。全国学生总会、全国各界联合会等 57 个团体和许世英、光明甫等 350 多人送了挽联。许继慎等人认为，要把追悼周肇基的大会开成向封建军阀势力示威的大会，要无情地揭露倪、马集团及其帮凶、走狗的罪行。追悼会上的挽联如投枪匕首，直刺倪、马封建军阀的心窝。

“六二”惨案发生之后，省中等以上教职员联合会领导成员洪世奇（子翊）写了上诉状，告到怀宁地方检察厅。厅长刘以弗包庇马联甲，对起诉书不予受理。许继慎等学生去见他，他避而不见。有一天在街上，他被舒传贤和许继慎等学生碰上了。在舒、许带领下，大家把刘以弗揪住。学生们质问他为何对“姜案”不理不问。说着，大家把刘以弗揍了一顿。而后又将刘拖到省长公署，要省长聂宪藩惩办。聂是个政客，老奸巨猾。他当着学生的面假装严厉训斥刘以弗，并说要予以严惩，事后又设法保护刘以弗。后来，迫于舆论的压力，聂宪藩不得不呈请北京当局免除了刘的职务。刘被免职后，“姜案”就“移转承办”，交由江西省高等法院审理。军阀统治下的中国，处处黑暗、官官相护。江西省高等法院传讯了马联甲一次，但马没到庭，后来就再不审理，不了了之。

许继慎又协同“十公团”派洪霁澄直接赴京控状。可是由于事情不秘，被倪道烺、马联甲侦悉，并派出暗探跟踪。暗探于洪霁澄在开封换乘列车时，开枪把洪打死。后来，“十公团”又派周子衡赴京告状。谁知周子衡经不起收买，叛变降马，出卖了“姜案”诉状，遂使赴京上诉之事夭折。

“六二”学潮是在中国无产阶级民主革命思想影响下爆发的一次大规模的反对封建军阀的群众运动。许继慎是这次运动的重要领导者之一。他和舒传贤、王步文、杨溥泉、彭干臣、方乐舟、童汉璋等团结广大知识分子和青年学生，不怕牺牲，冲锋陷阵，沉重地打击了安徽封建军阀的反动气焰，鼓舞了人民的斗志，在安徽省民主革命史上，写下了光辉的一页。许继慎在斗争中表现出了大无畏的革命精神，作出了积极而重要的贡献。

“拒李驱骆”战在前

1921 年夏秋之际，安徽省省长聂宪藩与倪嗣冲之间发生了一场“狗咬狗”的斗争。

聂宪藩被迫辞职后，倪道烺以 40 万元巨款贿赂北洋政府总理靳云鹏，任命倪嗣冲的旧幕僚李兆珍为安徽省省长。安徽省学联知道李兆珍是倪嗣冲的傀儡，受倪道烺暗中指挥，就通电北洋政府，表示反对李兆珍任职。但北京当局置之不理。省学联领导人舒传贤、周骏、许继慎等决定发动全市学生组成“拒李队”，不许李兆珍来安庆就职。许继慎和舒、周及学联其他委员亲自参加“拒李队”，派人对沿江码头划段日夜把守，严阵以待，不许李兆珍上岸。

反动政府玩弄诡计，设置圈套，一面派旅长史俊玉在南门码头假装等候迎接，一面却在安庆市外三四里处用小船把李兆珍偷偷接上江岸，直到第二天李兆珍发布就职布告，学生们才知道李已溜进安庆。

许继慎和他的战友们立即率领“拒李队”进城，围攻省长公署。许继慎带领几个精悍队员，冲击省长公署大铁门，高呼：“把李兆珍拖出来打！”老奸巨猾的史俊玉料到学生会有此招，早在省长公署东西两侧的辕门外派兵把守，刀枪林立，杀气腾腾，还鸣枪示警。慑于“六二”学生运动的声威，史俊玉始终未敢动手。围攻省长公署的学生和群众在东西辕门外越聚越多，高呼着“把李兆珍赶出安徽”，口号声此落彼起，响彻江城。双方一直对峙到深夜。

经许继慎提议和联络，“十公团”联席会议决定，“十公团”代表和全市学生第二天上街大游行，迫李离皖。游行时，许继慎始终走在队伍的前头，观察军方动态，分析情况，一旦有异，即行处理。一连斗争了 3 天，李兆珍仍赖着不走。

省长公署有重兵把守，而学生手无寸铁，硬攻硬轰难以奏效。为了把李兆珍赶走，许继慎建议断绝省长公署的食物，迫李“寻食离窝”。省学联和“十公团”采纳了这一建议，作出全市商店罢市，封锁省长公署的决议。许继慎率领数千名学生和市民，抬着木杠，奋力猛砸省署大铁门。警察用石块投砸学生，教师王小山、市民祁云龙头部负伤，鲜血直流，激起公愤。许继慎乘势领头高呼："血债要用血来还！""打倒老狗李兆珍！""李兆珍滚回去！""李兆珍不滚，我们誓不罢休！"李兆珍整天坐立不安，到第七天，再也赖不下去了，只好化装从省长公署旁门悄悄溜出，灰溜溜地逃离安庆。

在此期间，许继慎还参加了六安人民“驱逐骆通”的斗争，起了中流砥柱的作用。

骆通思想反动，顽固守旧，反对民主。他任六安县知事后，政以贿成，草菅人命，作恶多端。六安人民对他切齿痛恨，早有驱逐其滚蛋之心。

“驱骆”运动开展不久，即面临暑假。不少学生，特别是农村学生各自回家去了，学生队伍受到削弱。这时，骆通又嚣张起来，扬言要逮捕参加“驱骆”运动的学生。六安“三农”学生会负责人桂伯炎等一面通知回乡的同学返校，一面通电安庆的六安旅外同学会、六安旅省同乡会等团体，请求许继慎、周范文等予以支援。

许继慎等闻电后，由安庆回到六安。在安庆、芜湖、南京、上海等地读书的胡苏明、王逸常、宋伟年、胡浩川、王亦良、吴仲孚、王绍虞、方味三等同学也一起回到了六安，和“三农”学生黄人祥、翟其善、桂尊夏（桂伯炎）、吴干才、刘沛西等同学一起，投入了“驱骆”运动。

当时学生住宿分散，不易集中，行动不易统一。许继慎提议，所有参加“驱骆”运动的学生一律集中住宿于城关第一高等小学，人员按文书、宣传、组织、总务等组分工，使参加“驱骆”的学生各司其职。针对骆通可能对学生下毒手的情况，许继慎又建议争取一批“胡子派”的子弟加入“驱骆”运动的行列。所谓“胡子派”，就是当时六安的掌权派。把他们的子弟争取来参加“驱骆”运动，有利于分化骆通的营垒，也使骆通不得不对向学生下毒手的企图有所顾忌。学生们还组织宣传队，到城关工人、店员、市民中进行宣传，揭露骆通的罪行，讲清“驱骆”的意义，争取了工人和商民的支持。

7月间，声势浩大的“驱骆”大军将县衙门包围起来，“打倒骆通”“骆通滚蛋”“骆通滚出六安”的口号声此伏彼起。骆通被吓破了胆，蜷缩在县衙不敢露面。许继慎和胡苏明、王逸常、宋伟年、胡浩川等同学一起，冲破军警阻拦，站在队伍的前面。不一会儿，“驱骆”大军由二三百人增加到五六百人。骆通妄图调军警镇压，但六安驻军团长王尚林想借民主势力赶走骆通，自任县知事，故按兵不动。骆通的秘书范梅厢是进士出身，也想借学生力量赶走骆通，自任县知事，便劝骆通去安庆“避风”。六安地方豪绅势力惧怕学生，手足无措，无人敢出头露面。这样，骆通处于孤立无援的境地。许继慎等冲进县衙，把躲在大堂公案下面的骆通拖了出来，架出东门，令其滚蛋，不准他再来，若再回来，就打断他的狗腿。骆通贪生怕死，为保性命，对许继慎等点头哈腰，连声答道：“我滚，我滚。”

骆通当面答应不再返任，到了安庆，却又向省长公署哭诉，诬蔑学生为“暴民”，请求省署弹压，以便回任庶理政务。省长许世英慑于“六二学生运动”的余威，不敢明确给予支持，但在暗地里表示还是可以帮助骆通回任六安的。

骆通把返任的企图电告他的代理人范梅厢。范为了达到通过学生“驱骆”、便于自己上任的目的，立即将骆通要回六安的消息转告给学生。许继慎等闻讯，十分愤慨。一面派人把守六安城关五门，严密检查来往行人，以防骆通溜回六安；一面和县衙进行谈判。许继慎白天和县衙们会谈，晚上参加把守城东门。因为东门是往来安庆、六安的必经之路，骆通若回来，最有可能由此门溜入。一连数天，许继慎忙得饭也顾不上吃，澡也顾不得洗，晚上还要常常通宵达旦地站岗。

在同骆通的代理人、秘书范梅厢的会谈接触中，许继慎机警地发现范梅厢与骆通之间有旧隙，范想借助“驱骆”学生的力量，达到自己取代骆通任六安县知事的目的。

许继慎摸到这些底细之后，立即与“驱骆”运动的学生骨干和“三农”进步知识分子沈子修、桂月峰、钱杏邨等进行磋商，决定采取措施，利用范梅厢继续开展“驱骆”运动。因为许继慎机智灵活，口才出众，深得范梅厢推崇，故被派往直接做范梅厢的工作。

范梅厢和躲在安庆的骆通频通电话，故意夸大六安“驱骆”运动的声势，加重描述骆通重返六安的危险性。他装作十分关心骆通的样子，一再劝骆通不要返回六安。骆通信以为真，果真不敢轻易回来。

许继慎又和六安旅外（省）同乡会的刘希平以及全省知名人士李光炯、光明甫等联系，通过他们做上层人士的工作，直接向省长许世英陈述骆通的罪行，要求将骆通撤职查办。六安进步人士朱蕴山也发起“驱骆”的宣传活动，召开“驱骆”大会，发通电。经过 1 个多月的斗争，骆通始终不敢重返六安，省署便任命范梅厢代理六安县知事，“驱骆”运动终于取得胜利。

1923 年秋，随着爱国学生运动的开展，许继慎等人在安庆发动了一场反对曹锟贿选大总统的运动，并带领数千学生冲进省府、痛打贿选省议员。遭到通缉后被迫逃往上海，进入上海大学学习。

02 砺炼成钢“黄埔”中

考入军校打基础

1924年春末，黄埔军校到上海秘密招生。黄埔军校是国共两党合作的产物，是孙中山先生三大政策的产物，是共产党人发挥积极作用创建新军队的军事学校。上海大学在国民党党部负责人薛子祥、岳相如的推荐下，决定派许继慎、曹渊、杨溥泉、王逸常、廖运泽等去报考。这与许继慎的想法完全一致。他很高兴，决心投笔从戎。初试在上海大学秘密进行，主考官是共产党人邓演达等。初试录取后，即去广州复试。许继慎、杨溥泉、王逸常、唐际盛等编在一个组，唐际盛任组长。全组每个人在上海环龙路 44 号国民党执行部领了 30 块钱作旅费。后来才知道，环龙路 44 号是孙中山在上海的住宅。随后，他们乘海船经香港到达广州。中共广东区委派人将许继慎等接上岸。复试在广东大学进行，由孙中山的卫队监考。许继慎与同试的几位同学都被录取，从此，在许继慎的人生道路上，揭开了军事生涯的崭新一页。

1924 年 5 月 5 日，许继慎被黄埔军校正式录取入伍，编在第一期学生第二队第二区队。6 月 16 日，军校举行开学典礼，孙中山亲临主持并发表讲话。500 多名学生一律穿着苏式黄卡其布军服，精神焕发，军容严整。孙中山在讲话中指出，中国革命迟迟不能成功的原因，就是没有真正的革命武装队伍，没有广大人民的基础。现在无论哪一个部队，都是假革命之名，行割据之实，克扣军饷，剥削人民，贪图私利，贻害苍生，使革命主张不能实现。我做了骄兵悍将的傀儡，成为人民的罪人。过去如此，现在还是如此。为了完成我们的革命使命，所以我才下决心改组国民党，建立党军，实行工农政策。第一步使革命的武力与民众相结合，第二步使革命的武力成为人民的武力。这就是创办黄埔陆军军官学校的主旨，也就是黄埔陆军军官学校的使命。

许继慎牢记孙中山指示的“主旨”与“使命”，投入到紧张的学习之中。当时，黄埔军校的教育内容是政治课和军事课并重。学生的政治课程有三民主义浅说、中国国民革命运动、中国政治经济状况、帝国主义侵略中国史、世界革命运动简史等。教员按照各门课程的授课提纲讲课，既不发书本，也不发讲义，同学们都要做课堂笔记。

除了上政治课之外，许继慎还经常去听军校的讲演会。他经常去大花厅（即大讲堂）听周恩来、恽代英、萧楚女、张太雷等人的演讲。

军事课程有苏联顾问编订的“典、范、令”和战术、兵器、筑城、地形、通信等。

许继慎学习刻苦认真，经过短短 7 个月的学习，他的各门功课都取得了优良成绩，受到队长茅延祯的好评。一次野外演习结束后，他还受到军校顾问长契列班诺夫的表扬。

许继慎考入军校不久，即按中共两广区委的决定，由社会主义青年团团员转为中共正式党员。黄埔军校建立了中共黄埔军校支部委员会，蒋先云任书记，王逸常、杨其纲任支部干事，许继慎、陈赓任候补干事。当时的黄埔军校党支部是中共建立的较早的军事组织，直属中共两广区委军委领导，周恩来担任两广区委军委负责人。每逢星期天，许继慎、蒋先云、王逸常、杨其纲、陈赓、杨溥泉等共产党员，就从黄埔军校搭“紫洞庭”校船到广州，在天字码头军校驻省办事处前上岸，到广州农民运动讲习所去开会学习。他们总是最先到达，最后离开。听报告时，他们认真记录；讨论时，他们积极发言。他们在这里听过陈延年、刘少奇、张太雷、周恩来等人的报告，思想有了很大提高。周恩来任军校政治部主任以后，为了武装学生的思想，提高他们的阶级觉悟，在黄埔军校先后作了“军队中政治工作”“武力与民众”“军事运动与农民运动”“国民革命军及军事政治工作”等演讲，精辟地分析了军队的性质和军队的阶级性、宗旨及素质，论述了创建革命军队的途径，革命军队与反动军队的根本区别。周恩来特别强调指出，军队是实现我们理论的先锋，军队要为被压迫人民的利益冲锋陷阵。许继慎深受教育。

许继慎、蒋先云等党支部领导人，领导黄埔军校的共产党员，在军校的学习、训练、生活、军纪等各个方面都发挥了模范带头作用，对黄埔军校的各项工作推动很大。

在中共两广区委军委的直接领导下，军校党支部积极谨慎地在军校学生中发展党员，建立党的组织。第一期学生中的共产党员发展到 80 多人（包括转入军校的）。这些党员在军校学生中起着核心和骨干作用。许继慎和蒋先云、陈赓、王一飞、周逸群、杨其纲、王逸常、杨溥泉等共产党员，个个品学兼优，在学生中享有很高的威望。

黄埔军校的建立和发展以及共产党员在黄埔军校和军队中威望的增高，标志着中国人民革命力量的成长和壮大。这不仅受到帝国主义和封建军阀的敌视，同时也引起了国民党右派分子的仇恨。随着革命运动的发展和阶级斗争的尖锐化，黄埔军校的反动分子日益露出了反革命的面目。

黄埔军校成立之初，党组织发动军校教职员和学生中的共产党员、共青团员、进步学生，建立了中国青年军人联合会。许继慎和蒋先云、周逸群、傅维钰、陈赓、王一飞、左权、张际春、余洒度、李之龙等以及教职员中的金佛庄、郭俊、唐同德、茅延祯、鲁易、胡公冕等，均是青年军人联合会的负责人。滇、桂、湘各军所设的军官学校，都直接或间接地受到了青年军人联合会的影响。这个组织在平定杨希闵、刘震寰叛乱的时候，对于瓦解杨、刘的部队起了很大的作用。可是，这个组织却成了军校中以蒋介石、戴季陶为首的国民党右派分子的“眼中钉”。在第一次东征时，贺衷寒、缪斌等反动分子在蒋介石的暗中支持下，组成了以反对共产党、反对国共合作、反对三大政策为宗旨的孙文主义学会，与青年军人联合会相对立。同时，上海方面的萧叔宇、段锡朋和童理璋、龚育之等人也组织起孙文主义学会，与广州相呼应。

孙文主义学会不是真正的学术研究机构，而是一个隶属于国民党的右派组织，以戴季陶的《孙文主义之哲学的基础》一书为理论指导，反对国共合作。他们经常寻衅闹事，与青年军人联合会发生摩擦，斗争非常尖锐。

在这场尖锐激烈的斗争中，许继慎始终是一个中坚分子，他不断地和国民党右派分子进行斗争。有一次，一个右派分子贩卖戴季陶的哲学谬论，反对孙中山的三大政策，反对共产党。许继慎一针见血驳斥："孙先生刚刚去世，你们就如此背叛，把他说成是孔孟之道的继承人，这是采用上海流氓绑票的方法，这是想把孙中山先生押进文庙。孙先生在天有灵，躺在地下也要起来和你们作斗争。"后来，青年军人联合会根据许继慎的发言，画了一幅戴季陶反背着孙中山进孔庙，孙中山不愿意，而地主豪绅拍手称快的漫画，并张贴在军校内，对国民党右派进行了无情的揭露。

又有一次，一个孙文主义学会分子找许继慎挑衅，贩卖戴季陶兜售的"共信""互信"的反动理论，胡说国共两党没有"共信"，不能"互信"，还是分开为好，以此破坏国共合作，反对孙中山的三大政策。许继慎听后，立即给以有力的批驳。他指出，孙中山先生确立的三大政策就是国共两党的

"共信"，只有国共两党都能坚决执行，才有"互信"。你们现在胡说什么没有"共信""互信"，是项庄舞剑，意在沛公。你们的真正目的是反对孙先生及其三大政策，反对中国革命。一席话使那个家伙原形毕露。

还有一次，一个国民党右派分子在一次集会上公开贩卖"共产主义不适合中国国情"的谬论，许继慎立即起来揭露说，这个论调与帝国主义分子如出一辙，可见你们是帝国主义的应声虫。那个右派分子说，我们也反对帝国主义。许继慎立即揭露说，你们反对帝国主义是口头上的，是为了愚弄人民，完全是假的。那个家伙被揭露得瞠目结舌，哑口无言。

在对待孙文主义学会分子的寻衅闹事的问题上，许继慎和蒋先云等在周恩来、聂荣臻的正确领导下，制定了坚持说理为主、不先动手的方针。因此，蒋介石虽然暗中支持孙文主义学会分子，但在处理青年军人联合会与孙文主义学会分子的摩擦事件中，也常常是爱莫能助。

许继慎在领导青年军人联合会团结争取滇、

桂、粤各军和开展文艺活动方面也做了大量工作。他参与领导了黄埔军校血花剧社的工作，编写和演出了一些以反帝反封建军阀统治为内容的剧本，收效很大。

许继慎在黄埔军校学习期间热心帮助别人，团结友爱精神很强，受到了同学们的好评。同乡同学王逸常的妻子在上海病逝，王逸常要请假赴沪料理丧事。许继慎听说后，便和杨溥泉、曹渊等一面安慰他，劝他节哀，不要请假，不要影响学习；一面与军校同学商定，将所领的月薪汇集起来，交给王逸常汇到上海，托友人代办了丧事。

在第一期学生毕业前不久，许继慎参加了平定广州商团叛乱的斗争。这是许继慎第一次参加战斗，他和黄埔学生在这次斗争中得到了锻炼。黄埔学生旺盛的战斗精神和严肃的军纪，给广州市民留下了深刻的印象。

1924 年 11 月底，许继慎在黄埔军校第一期毕业。同年底，黄埔军校教导团成立，教导团的各级干部都由第一期的教职员和毕业生担任。许继慎被分配在教导第 2 排任排长。

讨伐叛军见英勇

1924 年 1 月，孙中山主持召开国民党第一次全国代表大会以后，一面努力实行三大政策，一面建立革命军，积极准备北伐。当时，广东的军事形势是险恶的。公开的敌人有 1922 年叛变革命的广东军阀陈炯明所属的林虎、洪兆麟等部，盘踞在惠州、潮州、汕头一带，割据东江地区，与广东政府形成对峙局面；邓本殷部则割据南路高雷八属和琼州岛地区。他们勾结北洋军阀和英帝国主义，妄图打回广州，消灭革命政府，占领整个广东。在内部，广东境内各派驻军，包括本省军队和滇军、桂军、湘军、赣军和川军等，情况复杂，貌合神离，各自只顾争夺地盘，并未打算成为革命的工具。尤其是滇军杨希闵、刘震寰等人，暗中勾结叛军，拥兵自大，骄横跋扈。虽有粤军陈铭枢、湘军谭延闿、程潜和滇军朱培德等忠于大元帅，但力量太小。作为革命的大本营，广东的处境是非常危险的。

为了巩固广东革命根据地，早日北伐，完成国民革命，为了将驻粤各派军队改造成革命军，实现内部团结统一，孙中山曾经采取过说服和妥协的方法。例如，对陈炯明提出，只要他放弃割据，服从政府，参加北伐，即可既往不咎。但是，这种说服和妥协的方法收效甚微，他不得不采取武力统一的手段。

陈炯明是孙中山在南下护法、组织军政府、被推选为临时大总统后一手培养为粤军首领的。但是，陈炯明忘恩负义，悍然叛变，炮击观音山总统府，迫使孙中山避难于永丰兵舰（后改称中山舰）。1924 年年末，他又不顾孙中山的一再规劝，冒天下之大不韪，命令部队向淡水开进，企图进取广州。

在平定武装商团叛乱后，广州革命政府的主要敌人就是陈炯明，只有消灭这股反动势力，才能巩固革命根据地，保证革命胜利。

1925 年 2 月，在中国共产党的倡议和支持下，广东革命政府的军队举行了讨伐军阀陈炯明的第一次东征。东征总指挥由许崇智担任，蒋介石任东征军总指挥部参谋长，周恩来任东征军总指挥部政治部主任。黄埔学生参加了右路作战。

讨伐陈炯明的任务本应由滇军担任，因滇军力量雄厚，很有把握打倒陈炯明，而且滇军胡思舜部主力曾万钟的 1 个师和 4 个旅均驻在惠州地区，出击也较便利。但是，杨希闵心存异志，拒绝接受攻打陈炯明的任务，不愿离开广州、韶山、惠州等地。此时，最高统帅孙中山卧病北京，鞭长莫及，无法督使杨希闵接受东征任务，于是，不得不提前使用黄埔军校教导团这支新兵队伍去应付危急局面。他以黄埔军校教导团为主力，并派粤军陈铭枢、许济两部协助，完成东征任务。后来，滇军虽然表示愿意担任左翼攻击任务，但他们“坐山观虎斗”的险恶用心已被识破，所以，广州革命政府的作战计划没有把他们安排在内。

1925 年 1 月，广州革命政府新成立了两个教导团。由于时间紧迫，新兵训练采用了速成练兵法和在苏联顾问指挥下编订的新式“典、范、令”。许继慎任连党代表，他和连长教新兵练队、用枪、瞄准、射击、掷手榴弹，利用行军、宿营、警戒等各种机会进行训练，收效显著。在很短的时间内，便把新兵训练成为有一定战斗能力的战士。

1925 年 2 月上旬，两个教导团沿广九铁路线举行野外演习。部队一边行军一边训练，每天只走一二十里。战士们不知道是出发打仗，到樟木头车站附近，部队离开铁路线向东前进。

1925 年 2 月 3 日 8 时，东征军由黄埔乘福安兵舰开拔，晚 6 时过虎门，7 时宿营于太平市。第 2 天，许继慎率领部队在这里向当地群众开展了宣传活动。他随身带着东征军指挥部政治部印制的《告东江人民书》《敬告士兵同志们》《告百粤父老兄弟姊妹》等文告、传单，带着宣传队，随时宣讲。在经过东莞、石龙、樟木头、塘头厦、平湖、龙冈的一路上，他带着广东农民自卫军做“翻译”，大声疾呼：“人有良心，则必杀陈炯明；人能辨别是非，则必杀陈炯明；人要救我父老兄弟姊妹们的痛苦，则必杀陈炯明！”同时他还宣传东征军的

4条纪律：不蛮横无理强拉士役，按价购物，不用军用票，切实保护人民。沿途，他还带领部队高唱《国民革命歌》《行军歌》《杀贼歌》。部队士气旺盛，纪律严明，深受人民欢迎。群众自愿运送子弹，有一些年老妇女竟进神祠为东征军祷胜。根据周恩来、蒋介石、加伦（苏联顾问）、粤军第2师参谋长叶剑英在龙冈确定的攻打淡水的部署，2月14日，教导团由南面，粤军自西北面和东北面，对淡水展开三面包围攻势。战斗打响后，许继慎以“革命战士要为主义而献身”鼓励学生军奋勇杀敌，并带领士兵勇猛攻城。激战了3个小时，敌人狼狈地向城内退却，东征军俘获熊略部旅、团军官10余名，毙敌百余人，俘虏士兵千余名。

1925年2月15日，东征军进攻淡水城。当日拂晓，攻城开始。奋勇队勇猛攻城，许继慎身先士卒，冲在最前面。青年军人联合会中的好友蔡光举阵亡，刘畴西被打断了左臂，还有几人受伤，奋勇队士兵伤亡过半。到正午左右，全团攻入淡水城。经过巷战，敌军全部缴械被俘，教导团也伤亡很大。正当第1团歼灭城内敌人的时候，敌后续部队赶到淡水城下，同教导第 2 团展开战斗。战斗正在激烈进行时，团长王柏龄临阵脱逃，部队也有一部分人退了下来。在这危急关头，身为连党代表的许继慎冒着枪林弹雨，不顾生死，率队向敌突击，奋勇冲杀，连续打退敌人的几次冲锋，毙敌百名。在教导第 1 团第 2 营的配合下，敌人被击败。是役，毙敌旅长 1 名，俘敌 1000 余名，缴枪 2000 支及大量军用品。下午 4 时，洪兆麟率数千人进行猛烈反攻，粤军不战而溃。教导第 1 团、第 2 团退到城外，占领高地，与敌作战。不多时，将敌击退 40 余里，遂将淡水城置于绝对控制之下。

东征军攻进淡水城，市民热烈欢呼，放鞭炮表示欢迎。这一战役的胜利，为第一次东征取得胜利奠定了基础。紧接着，许继慎率队参加了击溃洪兆麟主力的平山战斗。

洪兆麟部的战术特点是“三冲”，即连续 3 次以密集队形猛烈冲锋，把对方冲垮，牺牲再大也在所不顾。淡水城被攻下后，洪兆麟率领他的全部人马 1 万余人向淡水城发起反攻，企图决一死战。

教导第 1 团、第 2 团即由淡水东进迎敌。

许继慎接受战斗任务后，在干部士兵中进行了深入广泛的政治动员，使全连官兵以饱满的热情投入战斗。

1925 年 2 月 17 日上午，两军在平山附近遭遇，展开大战。在苏联顾问的指导下，黄埔军校教导第 1 团、第 2 团运用侦察部队代替骑兵在前卫的前面搜索前进，以诱使敌人主力过早展开并迷惑其主攻方向，同时，自己的主力从容进入阵地和选择主攻方向。战斗打响了，洪兆麟部果然十分凶悍，密集的冲锋队伍像潮水一样猛烈异常。许继慎率队坚定沉着地迎击敌人的“三冲”。洪部在黄埔军校教导第 1 团、第 2 团密集火力的阻击下，死伤惨重，多次进攻失败，只好全线后退。黄埔军校教导第 1 团、第 2 团趁势反击，一举击溃了洪兆麟的主力。此后，洪部便再也没有能力重新组织战斗了。

1925 年 2 月 22 日，黄埔学生军在白芒花休整，许继慎随政治部主任周恩来到平山开展宣传调查工作。不久，黄埔学生军到达海丰，受到当地农民盛会欢迎，后又经陆丰于 2 月 26 日进占普宁、揭阳。出师不足一个月，教导团便控制了整个潮汕地区。

陈炯明原有两股军队，洪兆麟被击溃后，尚剩号称四五万人的林虎、李易标一股，盘踞在梅县、兴宁地区。陈炯明对于洪兆麟部 1 万多人被黄埔军校 2000 多新兵打败，深为不服，便派林虎、李易标于 3 月上旬从兴宁、梅县等地南下，寻求决战。

教导团官兵在揭阳、普宁地区休整了半个月，探悉陈炯明孤注一掷，倾巢来犯，已进迫潮汕地区，便向前迎击。3 月 1 日，教导团由海丰向新田墟方向进发。3月 11 日，双方到达棉湖、鲤湖附近。

教导第 1 团攻击敌之正面，第 2 团攻击敌之右侧，粤军许济旅的 1 个团五六百人为预备队。

1925 年 3 月 12 日拂晓，第 1 团在棉湖西北山地与林虎主力遭遇，双方当即展开激烈的战斗，战线逐渐延伸到数里之外，阵地变换几十处。战斗从拂晓打到下午 4 时左右，一直没有停歇过。由于第 2 团团长钱大钧（前团长王柏龄在淡水退却被撤职，由钱接替）行动迟缓，未能及时向敌人侧背进攻，敌全力对付第1团，致使第1团遭受惨重伤亡。全团官兵伤亡1/3以上。敌军一部突破阵线，冲到团部指挥所附近。在强敌面前，许继慎连的阵地岿然不动。此时，团长亲自率领卫队手枪排进行反击，打退了敌人，但卫队也死伤多人，情势仍然极其危险。预备队许济部的一个团上来之后，仍未能稳定战局。在紧张激烈的战斗中，许继慎和连长率领全连战士坚守阵地，狠狠打击敌人，使敌不能前进一步。黄昏，炮兵连的六门大炮一齐怒吼，同时，第2团在营长刘尧宸的带领下，对林虎的总预备队和指挥所实施猛攻。林虎腹背受敌，顿时陷入混乱状态，全线崩溃，乘夜逃遁。是役，敌人被毙伤数百名。许继慎、曹渊在这次战斗中因功升为连长。

这一仗基本决定了东征的胜利。苏联顾问对棉湖战役评价极高，高度赞扬第1团的战斗精神。

教导团在棉湖、鲤湖击溃林虎后转为追击战。林虎在河婆组织了一次微小的抵抗，掩护退却，被教导团粉碎。根据苏联顾问建议，第1团取捷径奇袭五华并占领之，然后又迅速向兴宁前进；第2团尾随溃退之敌与陈铭枢旅协同攻击占领兴宁。

1925年3月17日，许继慎率部随第1团进迫安流镇，得到当地农民的大力支援。千余武装农民奋勇杀敌，敌闻风远遁。3月18日，许继慎随第1团从安流镇出发，循山径小道，经一夜急行军，翌晨拂晓前到达五华附近。一路上，他扶伤携弱，替负伤的战士背枪带械，并不断地进行政治鼓动，使全连官兵团结一致，精神焕发。

五华是林虎的后方，守敌不多，但军需物资不少。驻守五华的敌人不知道棉湖战况，更不知道教导团已逼近。教导第1团于拂晓发起攻击，利用俘虏叫开城门，生擒敌总部行营参谋长、军需副官以下数百人，缴获大量枪支，占领了五华县城。第1团占领五华后仅留小部分队伍担任警戒，大部分队伍即转向兴宁前进。

第2团尾随溃退之敌追到兴宁时，陈铭枢旅也同时到达。他们击败城外神光山的敌人，立即开始攻城。这时，第1团也从五华赶来协同作战。许继慎率部奋勇攻城，不顾生死，表现突出。此次战役是东征军集中兵力最多的一次，一举摧毁了陈炯明的老巢，占领了兴宁。但敌军未被全歼，大部逃往闽边去了。

至此，东征胜利结束。东征军在兴宁举行孙中山逝世追悼大会后，即分兵进据梅县，一面警戒，一面整补。

在许继慎参加东征讨伐陈炯明的作战期间，驻粤的滇军杨希闵、刘震寰部又遥相呼应，阴谋发动叛乱。当时，滇、桂两派军队在粤驻防的情况是：滇军范石生部已回滇打唐继尧去了，杨希闵部的廖品卓师驻广州，赵成梁师入驻韶关，胡思舜部的胡思清师驻佛山，曾万钟师和 4 个独立旅驻东江惠州等地，朱培德部驻广州。杨希闵名义上是滇军总司令，但实际上可指挥的只有他本人的部队和胡思舜部。朱培德是忠于孙中山的，但兵力较弱。桂军以刘震寰为总司令，全部驻江西，他与滇军约定，桂军不到滇军防地。

杨、刘两人朋比为奸、骄横跋扈，屯集省垣、把持政局。孙中山开办黄埔军校，他们多方阴谋破坏。在扣留商团枪械后，因奢望太高，遂对政府不满，后来看苏联援华枪支只配给黄埔军队，不发给滇军、桂军，他们进而仇恨，更处处与广州革命政府为难，包庇商团造反，拒绝执行东征命令。孙中山逝世后，他们勾结北洋政府和英帝国主义，企图叛变。陈炯明失败以后，他们叛变之心更加急迫。1925 年 5 月中旬，杨希闵、刘震寰在香港皇后酒店亲自主持会议，邀请陈廉伯、陈炯明、邓本殷、唐继尧和段祺瑞的代表及港英当局的代表参加，会商叛乱计划，企图联合推翻广州革命政府，建立反动政权。

杨希闵从 5 月中旬起，开始集中兵力，部署作战。他把驻韶关的赵成梁师调到广九铁路线布防，把驻佛山的胡思清师调到广州白云山一带布防，把廖品卓师从广州市区扩展到郊区布防，构成了一个完整的阵线。

对此，国民党领导人胡汉民、汪精卫想采取妥协的方法来应付，派邹鲁赴港请杨、刘回省，商量改组大本营，遭到拒绝。以廖仲恺为首的革命派，则同共产党同一立场，主张讨伐。后来，胡汉民等为形势所迫，也只好同意讨伐。

1925年6月，许继慎又随部参加平定杨、刘叛乱的战斗。黄埔军校接到讨伐杨、刘的命令后，决定采取速决战和各个击破的作战方针，先解决广州地区滇军，再解决惠州地区的滇军和江西地区的桂军。作战部署是：以第1团、第2团两团为主力，暗撤东江，集结于广州附近，配合粤军攻击白云山、龙眼洞、瘦狗岭一带及广州市区之敌，占领广州；黄埔军校在校的学生队和入伍生队伍配合海军攻击广九铁路一线之敌，并努力向右翼延伸，同教导团联系，协同攻击前进，歼灭敌人。限6月10日前完成作战准备，预定11日拂晓开始攻击。

1925年6月10日，许继慎随部开抵石牌，激战一昼夜，歼灭胡思舜部五六百人。6月11日拂晓，教导团在白云山、龙眼洞一带同滇军展开战斗，黄埔军校的学生和入伍生队伍也于同时登岸攻击广九铁路线石牌一带之敌，海军舰队用远射程大炮向车陂、石牌等地之敌猛烈轰击。设在石牌车站的赵成柔师指挥所被击中，赵成柔当场毙命。赵师无人指挥，战线顿时大乱。过江登岸的黄埔军校学生队趁势猛攻，突破赵师阵地。赵师开始溃退。教导团战斗进展也很迅速。许继慎率队与敌进行了激烈战斗。教导团很快占领了龙眼洞、白云山。

1925年6月11日上午8时，敌人退入市内，又沿大东路、东川路、惠爱路、财厅、德宜路向西北方向狼狈逃窜。攻克沙河之后，黄埔军即又开始进攻瘦狗岭。到下午3时，滇军在沉重打击下，溃不成军，弃尸遍街，纷纷投降。教导团入城后纪律严明，在惠爱路大新公司门口席地而坐，不入民宅，并派出宣传队在大新公司右邻永德公司门口宣传东征战果和国民革命，听者掌声如雷。

平定杨希闵之役，在广州的工人、农民帮助之下，只用了不长的时间即取胜。驻防惠州的滇军陷于孤立，后被朱培德招抚。江西地区的刘震寰部被粤军和广西李宗仁解决了。

在第一次东征及平定杨、刘叛乱之后，所有叛乱的滇军、桂军均被肃清，革命政府转危为安。中共倡议将广东根据地原有的“大元帅府”的革命政权改组为“国民政府”。1925年7月1日，国民政府成立，并以黄埔军校的学生为骨干，将所有参加革命的军队改编为国民革命军。这时，黄埔军校的教导团已扩编成两个师，后来又将许崇智的粤军改编成一个师，合并成立了国民革命军第 1 军，蒋介石为军长、周恩来为政治部主任。许继慎被调到黄埔军校第三期任学生队队长。8 月 20 日，黄埔军校党代表、国民党左派领袖廖仲恺被国民党右派暗杀，全校师生悲愤万分。许继慎带领学生沉痛地参加了悼念活动。

二次东征建殊功

第一次东征胜利，平定了杨、刘叛乱，又整编了军队，革命政权得到了一定程度的巩固。但是，叛军陈炯明又卷土重来，占据潮州、梅县、惠州等整个东江地区，并集结重兵于惠州，妄图以惠州作为基地，夺取广州。

1925 年 10 月，广州革命军又举行第二次东征。蒋介石任东征总指挥兼第 1 军军长，周恩来任总政治部主任。许继慎奉召归队，调任国民革命军第 1 军第 3 师第 7 团少校干事、代理党代表，参加第二次东征。

10 月 1 日，国民革命军第 1 军第 1 师和第 2 师第 4 团从广州出发，10 月 9 日逼近惠州，准备攻击惠州之敌。惠州是战略要地，历来为兵家所必争。古人有诗赞道：“铁链锁孤舟，飞鹅水上游。任凭天下乱，此地永无忧。”陈炯明将兵力集中在惠州地区，企图利用惠州之险进行顽抗，待消耗革命军实力以后，再反守为攻，歼灭革命军。

10 月 11 日，革命军扫荡了惠州城外之敌，占领了飞鹅岭，遂以第 2 师第 4 团为攻城部队，10 月 13 日开始攻城。第 1 师为总预备队。蒋介石求胜心切，拒绝接受苏联顾问关于先用炮兵施行重点射击，摧毁敌人设在城墙上的重机关枪阵地并打开城墙缺口，掩护步兵接近城脚爬墙攻城的建议，在炮兵的射击还没有给攻城的步兵造成有利条件之前，就命令步兵发起冲锋。部队在敌人密集的炮火封锁下，连续不断地冲锋。第 1 排人倒下了，第 2 排冲上去；第 2 排死光了，第 3 排又冲上去。一会儿就牺牲了好几百人，但始终没有一个人冲到城墙下。

惨痛的失败，迫使蒋介石重新考虑采纳苏联顾问的建议。炮兵集中火力经过一天多的轰击，摧毁了敌人几处重机关枪阵地，打开了一处城墙缺口。攻城部队乘机迅速接近城墙，从被打开的缺口冲进城去。总预备队也派一个团迅速入城，许继慎随团冲进城内。经过激烈巷战，终将城内敌军全部歼灭。10月14日，革命军完全占领惠州。惠州战役是第二次东征决定性的战役，此役歼灭敌人主力以后，收复东江就没有大的战斗了。从此，东征军长驱直入，10月21日占河源；10月22日占紫金、五华；10月27日、28日，大破敌军1万余人于河婆；11月底，追歼残敌于福建边境的永定。

惠州之役，双方死伤惨重。东征军第4团团长刘尧宸及副营长、共产党员谭鹿鸣阵亡，全团营以下干部死伤殆尽，除勤杂炊事兵外，战斗兵所剩无几。总预备队的一个团进城接替战斗时，因城外死尸堆积如山，只好用爬城的梯子架在死尸堆上爬过去。地上的血流成了一道黑色的沟渠。

许继慎在第二次东征中，作战积极勇敢，指挥沉着果断，身先士卒，不怕牺牲，特别是在进攻华阴的战斗中立了一大奇功。当时，第 1 军第 3 师第 7 团党代表蒋先云担任党的前线特派员，督促指导各团、营党团员努力作战，常驻前线。许继慎时任第 7 团党代表办公室少校干事。这时，陈炯明属下林虎的一支主力部队由华阳赶来增援，与东征军指挥部担任右翼警戒的第 3 师遭遇。第 1 军第 3 师是第二次东征前由粤军许济部改编的，由湘军所属军阀谭曙卿任师长，平常训练较少，战斗力不强，一经接触便全线崩溃，3 个团一下就被冲垮，林虎部队打死第 3 师 1 个团长、2 个副团长。师党代表包惠僧是中共元老，曾代表陈独秀参加党的一大，此时与师长谭曙卿在战斗被打散，他急得在路口站成个“大”字形，拦着逃跑的士兵，大声喊着“不许跑！谁跑枪毙谁！”可是几个溃兵跑过来，两人抱腿、两人抱胳膊，把包惠僧连人带枪架走了。

第 3 师的溃败，将东征军指挥部暴露在敌人面前。蒋介石站在一座山头上朝前望去，只看见第

3师溃不成军，山上山下到处是飘扬的“林”字军旗，蒋介石心头猛地感到一阵惊悸，脑门上滚下豆大的汗珠，他见自己的指挥部陷入叛军的包围中，忍不住大骂起来：“养兵千日，用兵一时，关键时刻都不顶用，谭曙卿，你误了我的大事！护卫连呢？陈赓快来！”共产党员陈赓此时是东征军指挥部护卫连连长。蒋介石命令他到前面向第3师师长谭曙卿传达“临阵逃脱一律枪毙”的命令！陈赓只身跑到前沿阵地，找到谭师长，传达了蒋介石的命令。谭曙卿吓得额头直冒汗，可又无计可施。门外士兵像潮水一般后退，从师部门前飞一般掠过，谁也阻止不了。

正在这个紧急时刻，陈赓看到许继慎骑着马率领两个连队从后方赶来增援，许继慎抽出驳壳枪，朝天连放几枪，竭尽全力高声喊道：“不要往后跑！要消灭敌人！谁再往后跑，军法从事！”正在奔跑的士兵们终于注意到，在路边高声呼喊的是第7团代理党代表许继慎。黄埔军校出来的军官们大都知道他，而且许继慎身后还有两个整齐的连队，溃退被完全制止了。战士们转过身，同追上来的敌人展开殊死拼杀！

在师部前负责阻击的是第3师第9团，激战后溃败，陷入林虎优势兵力包围之中，死伤惨重。该团长脱掉军装，穿便衣骑马奔逃，他的部队也四下而散。正在这个关键时刻，许继慎率领第7团两个连增援赶到，看到该团长的狼狈情况，立刻骑马奋力追赶，半说服半强迫，迫使他穿上军装返回战场共同迎敌。许继慎一个冲击，打破了敌人的包围圈，加之合兵一处，抵抗效果大大增强，稳住了阵势，转败为胜。林虎见援军赶到，以为大军在后，就不战而退，向安流方向退去。

陈赓看到局势已稳定，便返回总部报告。由于跑得太快，进屋后只顾张口喘气，一句话也说不上来。蒋介石以为情况不妙，不待陈赓开口，便颤声说道："谭曙卿无能，使我堂堂总指挥落到这步田地，使我无颜再见江东父老百姓！"陈赓这才喘完气说："总、总指挥，由于许继慎带队增援，3师已收拢部队，展开了反击，险情已得到控制。"

战后，第3师第9团团长因战功显著而晋升为少将，但他对关键时刻立下逆转之功的许继慎却

只字不提。许继慎自己非但不提战功，更缄口不讲说服该团长返回前线一事。好在蒋先云据实向周恩来作了汇报，许继慎因而得到党内表扬。时任东征军总政治部主任的周恩来在党内表扬许继慎“机智、勇敢和谦虚”，称赞他有“金子”一样的优秀品格。

惠州战役结束后，许继慎随何应钦率领的第 1 师向海陆丰、潮梅地区前进，在海丰地区打了一个小仗，以后便再没有遇到什么抵抗。到 1925 年 11 月底，整个东江地区的敌人完全被肃清，陈炯明的叛乱被平定。

在第二次东征的同时，国民政府以朱培德为总指挥，以五路大军将盘踞在广东高雷八属和海南岛并侵及阳江以北、以东地区的邓本殷部剿灭。1925 年 12 月 20 日克复琼州，收复了海南岛，南路之敌也被平定了。

03 北伐征战创奇迹

强渡汨罗取平江

在平定广州商团和杨希闵、刘震寰叛乱，两次东征讨伐军阀陈炯明胜利以后，广东国民政府的主要敌人就是北方军阀了。

当时，北方军阀有三大派系。直系军阀吴佩孚拥兵 20 万，据有湖南、湖北、河南 3 省和陕西的东部、河北的一部，控制着京汉铁路；从直系中分化出来的孙传芳自成一派，拥兵 20 万，据有江苏、安徽、浙江、福建、江西 5 省；奉系军阀张作霖拥兵 30 万，控制着东北各省和北平、天津及津浦铁路北段。此外，还有一些小军阀各自控制着本省或本地区。推翻北方军阀，消灭封建割据，是广州国民政府首要紧迫的任务。

1926 年春，广州国民政府即开始进行北伐。北伐军分两路出师。西路军以武汉地区为行动方向，东路军以南昌及上海、南京地区为行动方向。西路军有第 4 军、第 6 军、第 7 军和第 8 军，东路军有第 1 军、第 2 军、第 3 军。

依据广州国民政府的决定，叶挺独立团随西路军被派往湖南作战。独立团有 2000 多人，其中 85% 是共产党员和倾向共产党的革命青年。独立团是在周恩来领导下于肇庆成立的。团政治指导员是陈独秀的外甥吴季严，团参谋长周士第，1 营营长曹渊，2 营营长许继慎（许因时任广州国民政府高级训练班大队长走不开，后改由黄埔一期生贺声扬代理，后由董仲明担任），3 营营长是肖若定。在建制上，归属于国民革命军第 4 军第 12 师。

1926 年 7 月 1 日，叶挺独立团和唐生智的第 8 军会师。当时，敌军 4 个团在攸县，企图于 7 月 2 日在黄砂铺、渌田、草市一带向第 8 军进攻。第 8 军闻讯，将大部分部队从黄砂铺、渌田撤往衡阳，只留下一小部分部队。叶挺决定以一个营的兵力在7月2日拂晓向草市进攻，另以一个营取守势，保护黄砂铺。

7月1日夜至2日，叶挺指挥部队在渌田和黄砂铺打了伏击战，擒获了敌人4个军官、40个士兵，残敌逃往攸县。7月2日拂晓，转入进攻的独立团的一个营占领了草市。从7月2日夜至3日，在十几支农民武装的支援下，独立团从三面包围并攻占了县城。

7月4日，叶挺独立团和第10师第29团、第30团及第12师第35团，向驻扎醴陵之敌江西唐福山的两个团和谢文炳的两个旅进逼。7月8日，叶挺独立团沿生田一朱亭路线开始进攻。9日，第29团一个分队占领了万家洲，敌军开始向萍乡撤退。同一天，第35团也占领了姜田据点。但敌军仍坚守醴陵不舍。独立团在朱亭附近遭到敌军的顽强抵抗。团长叶挺利用敌人求胜心切的弱点，于7月10日夜袭占领株洲，接着又占醴陵，活捉敌军官18人、士兵327人，缴获大炮1门、机枪2挺、步枪288支。醴陵解放后，西路军以第 4 军为先锋，开始向长沙进攻。

7 月 12 日，第 8 军攻入湖南省会长沙。同日，独立团攻占湖南浏阳。为加强独立团党的领导，周恩来、聂荣臻、熊雄等派许继慎等 30 多名营、连、排干部去独立团工作，受到叶挺、曹渊、周士第、卢德铭等热烈欢迎。许继慎被任命为团参谋长。后来，独立团第 2 营营长董仲明另调新职。经独立团党组织决定，许继慎因善于带兵打仗，又改任第 2 营营长。

许继慎到任后，深入连、排、班调查研究，同战士谈话，了解他们的思想、生活、作战情况，同干部、战士打成一片。当时，独立团的武器是比较好的，战斗力也比较强，特别是经过党的教育和严格的军事训练及战争的考验，干部、战士懂得为谁作战，打起仗来个个奋勇争先，上下团结一致。许继慎非常高兴，认为这样的部队可以作战，可以制胜。为了保证党对军队的领导，许继慎将第 2 营中的共产党员召集到一起，成立了党小组，自任小组长。凡重大事项，都得经过营党小组的集体讨论才能决定。

独立团到达浏阳时，英国教堂和医院里的人都跑光了，他们利用这些空房作营房，进行了为期1个月的休整。

在浏阳，时值“三伏”，天气炎热。许继慎等曾派出侦察人员对汨罗江上下游反复进行侦察，还派部分人员渡过汨罗江，化装进入平江城，画出了简略地图。许继慎还参加了叶挺团长组织的《孙子兵法》学习。叶挺对《孙子兵法》十分精通。许继慎学习刻苦认真，一遇疑难问题就向叶挺请教，不但领会了精神，连《孙子兵法》全文都背得滚瓜烂熟。

在学习和工作之余，许继慎和曹渊、胡萍舟（第35团政治指导员）一起，常到梅花巷谭嗣同的故居去访问求读。因为谭家藏书很多，大多是明清时期一些名人的著作。谭嗣同的过继孙子已是白发苍苍的老人，很善谈。他很欢迎许继慎等人，说许继慎虽身着戎装，但满腹诗书，大有儒将风度。老人还送给许继慎等《谭嗣同诗集》。

1926年8月，独立团由浏阳出发，首先遇到的是如何通过汨罗江的问题。汨罗江因爱国诗人屈原在此殉难而闻名，它东西走向，全长 400 余里，由于多年失修，深浅不一，两岸草木丛生。据当地农民讲，在秋冬季节，汨罗江基本没有水，但一到七八月份，江水猛涨，河面很宽。吴佩孚早在北伐军还未进驻浏阳之前，就精心部署了汨罗江防线。平江是其支撑点，位于汨罗江防线的北面。有人把汨罗江防线称作长蛇阵，而平江则是蛇头。

平江由吴佩孚的旅长兼平江镇守使陆沄防守。陆沄有两个团，吴佩孚临时又增派 3 个团，加上从醴陵、浏阳溃退下来的三四个团的残部，总计近 10 个团，6000 余人枪，大部驻在城内，其他分驻城郊。平江南面是丘陵地带，一座小山和县城对峙，河水自东南流向西北，东西北三面都是平地。城墙不高，但很坚固。一些豪绅地主组织的民团也协助吴佩孚的军队，对国民革命军进行各种破坏和侦察活动。

强渡汨罗江攻打平江，是许继慎到独立团后参加的第一次战役。战役部署是：第 12 师缪培南、黄琪翔团攻正面，陈铭枢师攻西面，叶挺团绕道敌后由北面攻城。为了保证完成任务，许继慎根据侦察所得的情况，对敌人的防务进行了十分慎重而又详细的研究。

敌人见平江难守，遂把其主力撤往通城，以图对攻城部队构成威胁。在叶挺的提议下，独立团同第 35 团抢先占领团山铺，切断敌军退往通城的后路。

1926 年 8 月 19 日晨，在第 35 团、第 36 团的配合下，独立团强渡汨罗江，由当地农民武装带领，通过了平江东北的开阔地带，开始进攻平江城北门。敌人正在南门外作战，不料北门突遭攻击，顿时惊慌失措。此时，许继慎带领第 2 营向敌人发起凌厉的攻势，摧毁了敌人设在城郊的堡垒。敌人向城中逃窜，独立团快速追击。敌军来不及进城，或投降，或溃逃，全部就歼。与此同时，南面和西面的部队也加紧攻城，枪声震天撼地。不久，许继慎率第 2 营官兵在城下又消灭了陆沄的预备队，冲进城直捣敌军司令部。陆沄及其卫队 100 余人据屋顽抗。经过一阵激烈的战斗，身着白绸衣裤的陆沄，自觉不支，慌忙跑到司令部门前，企图逃跑。但他见独立团已逼近，逃跑不成，遂大喊一声："吴大帅害死我也！"拔枪自杀。

陆沄一死，敌人群龙无首，立即溃不成军。北伐军攻占了吴佩孚自诩攻不破的平江城。这是北伐以来规模最大、战斗最激烈、俘获最多的一仗。

平江战役结束后，许继慎写了《平江战记》一文。文中说，他在东征的几次战役中，还没有真正懂得什么是战争，在这次北伐战争中，团长和全团官兵给他上了一次战斗课，使他真正懂得了"两军相对，勇者为胜"的道理。

平江战役后，独立团作为第4军的先头部队，与第7军、第8军一起，沿京汉铁路向北进攻，第6军跟进。1926年8月22日，占领了京汉铁路交通枢纽、湖南北部的岳州，随即又占领湖北南部的通城。以独立团为前锋的西路军沿铁路线向北进击，直取武汉。

与此同时，东路军也向直系军阀孙传芳所据守的南昌、九江展开进攻。

跨过“双桥”攻武昌

面对北伐军的凌厉攻势，吴佩孚急忙将驻扎在湖北的部队调来，在北伐军进攻线上的许多地点，建立起坚固的防御阵地。吴佩孚首先在最便于防御的汀泗桥一带修筑了坚固的工事。

汀泗桥头建有小集镇，镇后有一座不大的土山与东南的群山相连。桥的西北面有一口大水塘，汀泗河从西北流向东南，铁路由西南向北跨河而去，南部和西南部均为稻田、小河，地势开阔。此地易守难攻，为武汉三镇的南大门。

守备汀泗桥的敌军是万善政指挥的 3 个团和董政国指挥的军官团，还有从武昌调来的第 13 混成旅、第 35 步兵师的 1 个团、从岳州溃败的敌军残部及张献臣的学生大队（相当于 1 个团）、吴佩孚派来的大刀队，总兵力约万人。攻击部队有叶挺独立团、缪培南的第 35 团、黄琪翔的第 36 团、陈铭枢部范汉杰和蔡廷锴各1个团、第4军司令部1个大队，总数也在万人左右，由陈可钰指挥。

1926年8月26日，第4军开始向汀泗桥发动进攻。独立团被留作预备队。第10师的先遣部队还未到达柏墩，就被泛滥的河水挡住了去路。第12师进至蒲圻河，遇到敌人的阻击，不能继续前进。先遣部队刚停下，敌1000多人组成的奋勇队便从汀泗桥发起猛烈进攻，向第10师和第12师的结合部冲击，致使两师的联系隔断。敌人一直打到陈可钰的指挥部附近。为了扭转这一局势，许继慎奉命率领第2营立即投入战斗。第2营同兵力占优势的敌军进行了白刃战，将进攻之敌击退。根据军部命令，进攻部署作了调整，左翼调为右翼，独立团和第35团、第28团组成新的进攻集团。

8月27日，北伐军的几个团同时向汀泗桥展开进攻。独立团经鼓塘角绕到敌人背后，发起猛烈攻击。敌人惊慌失措，全线崩溃，开始向咸宁城逃窜。许继慎率第2营随全团冲向铁路，一举占领了汀泗桥。是役，独立团俘敌2000多官兵，缴获4000余支步枪及其他战利品。

在追击残敌的战斗中，叶挺团长命令许继慎率领第 2 营为前卫。许继慎走在前面，他见溃逃的敌人在咸宁城外的山上和铁路桥头修筑工事，来来往往，极为混乱，此时又正值大水泛滥，在一片汪洋之中只有一条铁路可以通行，便立即给叶挺团长写报告，说咸宁敌人甚为混乱，铁路可以通过，请速令机关枪连掩护第 2 营冲过去。叶挺当机立断，命令机关枪连掩护第 2 营冲过去。叶挺亲自率第 1 营、第 3 营在后跟进。

许继慎接受向咸宁城攻击的命令后，对全营作了政治动员。在他的带领下，最终攻占了咸宁城。这是独立团在北伐中的一个很大的战绩。许继慎战功卓著，建有殊勋。

汀泗桥战败、咸宁失守后，吴佩孚像一个输红了眼的赌棍，不惜孤注一掷，将其看家老本——刘玉春第 8 师一部（3 个团）、第 13 混成旅、第 3 混成旅，近 2 万多人、60 门大炮、100 多挺机枪都部署在贺胜桥一带，并亲自前往防御阵地指挥督战。

贺胜桥地势险要，四周是一片湖沼开阔地。

被梁子湖和黄塘湖所夹挤的狭窄道路足有3公里长，三足鼎立的山峰像一个“品”字跨在铁路线上。北伐军开始进攻时，这一带正大水泛滥。吴佩孚在这里设三道防线，纵深10余里。为巩固军心，他又亲自组织大刀队督战，对退却的士兵即行斩首。

吴佩孚部署停当后，口出狂言，说什么“昔以汀泗桥一战而定鄂（即1921年吴佩孚在汀泗桥击败湘军后占领了湖北地盘），今以炮兵阵地之战而定天下”。他认为北伐军根本无法攻破贺胜桥阵地。

贺胜桥之战，独立团承担在桃林铺以南、沿铁路东西两侧向贺胜桥攻击的战斗任务。独立团党支部认为，贺胜桥之战是关键性的战斗，便开会讨论，决定对策。会后，许继慎回第2营召开党小组会，进行传达。他强调攻克贺胜桥的重要性，分析了敌我双方情况及战斗特点，要求全体党员要坚决完成党给予的战斗任务。随后，他又召开了全营军人大会，进行战前政治动员。战士们纷纷表示：有进无退，不怕牺牲，坚决服从命令，攻破贺胜桥，打垮吴佩孚。

北伐军在贺胜桥之战中担当正面攻击的是叶挺独立团，独立团以许继慎第2营在铁路东边，第3营在铁路西边，隐蔽向敌人阵地前进，准备攻击桃林铺一线之敌。以曹渊第1营和特别大队为预备队。叶挺将团机关枪连交给许继慎在前面指挥。他一再叮嘱许继慎，说：“许营长，我的全部家当都交给你了，你要小心，要勇敢又要沉着冷静。”

8月29日夜，许继慎率第2营进至距敌阵地仅百米处停下，潜伏在小草和树丛中。至凌晨4时，敌我双方隐约可见，敌人不断地向第2营隐蔽处射击，第2营伤亡较重，连许继慎身边的一个号兵也被打死了。总攻时间原定在凌晨5时，再等下去，伤亡更大，许继慎当机立断，下令提前发起冲击。战士们在机枪掩护下一跃而起冲入敌阵。第3营在路西也跟着发起冲击，很快占领了桃林铺外围阵地。

此时，各路进攻部队全部出击。敌军重机枪、山野炮同时进行拦截射击，战场一片火海。但是北伐军战士奋力向前，势不可当。破晓之前，敌人一线阵地桃林铺即为独立团所占。许继慎接着率部攻击敌人印斗山二线阵地。

位于铁路东侧的独立团第2营，在许继慎指挥下进展最快，接连攻破几个阵地。在攻占一个小高地、进至黄家窑附近后，发现前面有一列火车停在山下。许继慎观察了一会儿对几个连长说："这大概是吴佩孚的指挥专车，咱们连吴大帅一起吃掉吧。"他准备以连为单位包抄，对敌人守备部队进行分割包围。

许继慎的判断没有错。吴佩孚的专车，原来停在贺胜桥北端，密切注视着战事的进展。当第一道防线被冲垮的时候，吴佩孚顿时气急败坏，马上命令火车开往贺胜桥，亲自到前线督战。他看到一线被攻破，急调援兵前来增援。就在独立团不停地攻击途中，跑在最前面的第2营同敌军增援部队遭遇了。来援的是刘玉春的第8师，武器精良，人多势众，一下子阻挡了独立团的去路，并将孤军深入的第2营包围起来。许继慎冒着敌人的炮火，沉着地指挥部队组织防御，挡住了第8师的猛烈攻击，迫使他们卧倒在地面上。这时，突然一颗子弹从许继慎右膀穿过，子弹穿过胸部，再从左膀穿出，顿时血流如注，鲜血染透了衣服。几个战士要把他抬下火线。许继慎说："你们抬我下去，就会减少几个人打仗。你们不要管我，快向敌人射击！"他大声喊着口令："第2营冲锋！第2营冲锋……"战士们被他的勇猛和顽强所感动，更加猛烈地向敌人冲击。

此时，随后跟进的叶挺，发现了第2营的困难处境，当即命曹渊率第1营、刘明夏率特别大队从翼侧向敌人出击。战士们端着刺刀，以汹涌澎湃之势从翼侧发起快速冲击，终于将刘玉春的作战部队击溃。敌人纷纷扔下武器，向后跑去。

许继慎重伤不下火线，即使坐在担架上，也要坚持指挥战斗。全营干部战士勇猛冲杀，胜利突破敌人防线，占领印斗山二线阵地。随着左右两路相继得手，三路大军推进到贺胜桥南端。接着一场顽强的拼杀开始了，"枪炮之声震耳欲聋，尤其机枪声紧密尤为各次战役所未见"，当时在右翼指挥的李宗仁后来这样回忆道。但是敌军阻挡不住北伐军的进攻，上万名敌军向后溃退。吴佩孚带领督战队，手持大刀立于桥上，手刃退却旅、团长数十人，但仍阻挡不住退却。溃兵向督战队发起反冲锋，上万人一哄而上，夺桥而逃。到了上午11时，独立团终于占领了贺胜桥。第2营4连连长卢德铭兴奋地跑来向许继慎报告："营长，我们胜利了，通往武昌的最后一道大门打开了！"可是许继慎却没有出声回答，于是他走上前俯身一看，才发现许继慎已经昏死过去了。

贺胜桥战后，叶挺含着热泪向上报告："此次战役重伤营长一员。"他对许继慎的作战勇敢倍加称赞，说："贺胜桥战斗前后阶段，是第2营指挥我，而不是我在指挥他们！"

当日傍晚，第10师跟随独立团冲入山坡车站。紧接着，开始了攻打武汉的战斗。

贺胜桥之役，吴佩孚惨败后逃回武昌。由于国民军错过了时机，使吴佩孚得以从容布防，给攻打武汉增加了很大的困难。许继慎带伤参加了攻打武昌的战斗。

9月1日，独立团和第4军第10师到达武汉附近，第 12 师的两个团到达南湖。随后，第 1 军第 2 师也从东面逼近了武昌。

攻取武昌是打下武汉三镇的关键战斗。在 9 月 3 日攻城未果之后，9 月 5 日，北伐军又发起进攻，并从各团挑选一个营作奋勇队，担负攻城任务。独立团以第 1 营为奋勇队。许继慎的第 2 营作预备队。零时左右，曹渊率第 1 营出击，他们冒着敌人的炮火，竖起云梯，登城与敌肉搏。战至拂晓，曹渊营长阵亡，全营将士几乎牺牲殆尽，仅剩 10 余人。正在养伤的许继慎得知进攻武昌作战受挫、营长曹渊牺牲的消息后心中十分悲痛，决心为曹渊等烈士报仇。

当第 1 营进行攻城战斗的时候，许继慎带着伤给第 2 营作政治动员。许多官兵都给家里亲人写了信，表示了誓死攻城的决心。官兵们表现的这种革命精神，当时在国民革命军和武汉人民中广为传颂，被称为“留书攻城的壮举”。

9 月 6 日，敌驻汉阳之湖北暂编第 2 师师长刘佐龙部反正，刘佐龙被任命为第 15 军军长，遂协同北伐军攻破龟山及汉阳兵工厂第 14 师高汝桐部之阵地，随即占领汉阳。9月7日，又占汉口。敌向黄陂、孝感溃退。此时，吴佩孚亦退驻孝感、武昌城内，敌之接济已完全断绝。

9月中旬，孙传芳率部五六千人沿长江西上，图解武昌之围。北伐军早已派兵入赣迎击西上之敌，对武昌进行全面封锁。9月9日、10日，中山二号飞机飞临武昌、汉口上空，散发《打倒吴佩孚及取消不平等条约》《劝告敌军投降》《限期商民出城免受轰炸》等传单；9月12日，轰炸守城敌军；9月20日，中山二号、中山五号飞机同时出动，轰炸敌人的无线电台。此后，飞机每日出动四五次，使敌蛇山炮兵阵地、刘玉春和陈嘉谟的司令部相继被炸毁。与此同时，攻城部队开始挖掘坑道，至9月16日，由博文书院至宾阳门之交通壕完全构成。到了10月1日，不少坑道已达城脚。

北伐军的包围圈越来越小，守城敌军已成瓮中之鳖。刘玉春不甘失败，作困兽犹斗。10月1日拂晓，刘玉春亲自指挥望山门之敌先行冲出，并放火焚烧民房，吸引北伐军注意力于该方向。另有敌约600余人，在城上炮火的掩护下，由通湘门冲出，向火车站附近之独立团攻击，进占火车站及附近高地。叶挺指挥第 2 营等与突围之敌厮杀血战，在第 35 团的增援和第 36 团的策应下，将敌击退，夺回通湘门车站及其附近高地，追敌一部沿铁路向宾阳门溃退，被北伐军第 10 师解除武装，另一部退回城内。中和门、望山门之敌冲出之后，亦被击退，逃回城内。到 10 月 3 日晚，敌又由湘门、保安门再行冲出，均被击退。至此，守敌只有投降一条路了。

10 月 10 日，北伐军开始全面攻城。许继慎于攻城前夕出院归队。他所在的独立团和第 12 师位于通湘门附近，是总预备队，独立团同时担负警戒任务。许继慎带伤归队指挥作战，对部队鼓舞很大。从凌晨 2 时 30 分起，攻城部队相继破城而入。4 时后，独立团等部亦由通湘门进城，以一部向省议会搜索前进，另一部沿宾阳门城脚向蛇山前进。当独立团等部进抵蛇山时，获悉刘玉春隐藏于文华书院，部队立即展开搜捕，将其俘获。8 时，陈嘉谟于花街被俘获。至此，被围 40 天的武昌城终被攻克。

坚守武汉平叛乱

1926 年冬，国民革命军第 4 军进行扩编。叶挺任新建第 25 师副师长，独立团改编为该师第 73 团，许继慎任第 73 团参谋长。部队在武昌南潮练兵时，许继慎同士兵一起出操，一起演练，一边体验战士生活，一边修订训练计划。他十分重视部队的思想建设，时常给干部和战士上政治课，进行思想教育。

1927 年春，叶挺调任第 11 军副军长兼第 24 师师长和武汉卫戍司令。第 24 师辖第 70 团、第 71 团、第 72 团。许继慎被调任第 72 团团长。这个团原来没有党的组织，许继慎对同时调去的几个党员说，我们最重要的工作是搞好党的建设，每个共产党员都要真正做党的宣传者与组织者，创造条件，发展新党员。

在北伐不断取得胜利的大好形势下，篡夺了

北伐军领导权的国民党新右派蒋介石，继中山舰事件之后，变本加厉地反共反人民，他的新军阀的反动面目日渐暴露无遗。先是导演了3月17日九江惨案，接着又导演了3月23日安庆惨案，捣毁共产党和国民党左派合作的省市党部及其领导下的工、农、商会等群众团体组织。4月12日，蒋介石又在上海悍然发动反革命政变，疯狂屠杀共产党员和革命群众，彻底暴露出其反革命刽子手的狰狞面目。4月15日，广州也开始了大逮捕、大屠杀，熊雄、萧楚女等一大批杰出的共产党人均被杀害。因安庆惨案的发生，安徽省国民党左派省党部正在安庆举行的代表大会被迫迁移至武汉大菜馆——普海春继续举行，正在武昌左旗营中养伤的许继慎闻讯后立即去看望。他与参加会议的高语罕、光明甫、周松甫、沈子修、朱蕴山、柯庆施、周新民等热情会见，亲切交谈。他说，中国军阀政治依恃其武力，那么，革命当然也要有革命的武力，自己愿做前驱，为中国革命披荆斩棘，开拓前进。

蒋介石公开叛变革命后，许继慎出席了各种

讨蒋会议，参加了各项讨蒋活动。他认为，蒋介石反对三大政策、反对国共合作的狼子野心早有暴露，我们党早就应该采取防范措施，可是由于陈独秀太软、太右、太麻痹，以致有今日。中山舰事件发生后，我们党本应对蒋介石的反共阴谋进行坚决的斗争，但却曲予优容。北伐以来，蒋介石的羽翼渐丰，至此结群小以据东南，腼仇敌而杀中共。思来教训殊深，必须清醒自反，与蒋刀枪相对，方能自立。

4 月 23 日，许继慎参加了在武昌阅马场举行的中央军政学校各期学生讨蒋大会。大会由蒋先云主持，40 余个群众团体数万人出席了大会。蒋先云在会上作了重要报告，高语罕及军政群各界代表 9 人在大会上讲了话，愤怒声讨蒋介石背叛孙中山、反对三大政策、破坏国共合作、屠杀共产党员和工农的罪行。大会还审判了蒋介石的走狗杨引之、陈绍平两个罪犯。这天，许继慎率领全团担任大会的警戒任务。他上午 8 时入场，直至下午 4 时半散会才返回休息。会中，他和与会群众同仇敌忾，振臂高呼“打倒代表封建势力、实行反革命的蒋介石”“打倒反革命的南京会议”“国民革命成功万岁”“世界革命成功万岁”等口号，表现了坚定的革命信念。

1927 年春夏之间，国民革命军根据武汉政府的命令继续北伐，进入河南，进攻奉系军阀张作霖。这时，已经叛变革命的蒋介石勾结夏斗寅，乘武汉空虚进行偷袭，企图破坏北伐军的后方，瓦解国民革命，一举推翻武汉革命政府。

当时，夏斗寅任国民革命军独立第 14 师师长，驻防在宜昌一带。5 月 17 日，驻扎在鄂西的夏斗寅与四川军阀杨森勾结，在蒋介石的支持下发动武装叛乱。夏斗寅率 7 个团偷袭武汉，并于当日到了距离武汉只有 20 余公里的纸坊镇。当时国民革命军大部分在北伐战场，城中空虚。武汉三镇风声鹤唳，粮行、商户停业，4 万余居民逃入租界，街头行人相传“夏斗寅明天就要进城了”。此时，武汉国民政府领袖人物汪精卫、谭延闿面面相觑、一筹莫展；武汉卫戍司令李品仙亦惶然不知所措。紧要关头，叶挺、邓演达、恽代英等人挺身而出。在平叛总指挥叶挺的命令下，许继慎率领第

72 团首先迎敌，乘火车到达纸坊镇。许继慎率领的第 72 团与夏斗寅叛军先头部队遭遇，仅一击，夏部即退往纸坊镇以南地区。

5 月 18 日拂晓，敌军一个营将设在一个破庙里的第 72 团团部和警卫排包围，许继慎紧了紧腰间的皮带，亲自打着团旗，严肃地对副团长说："我如果牺牲了，你接旗！"说完，他高举团旗走在队伍最前面，带领警卫排向前冲去。摸不清虚实的敌军仓皇撤退，许继慎率部紧追，汇集全团奋力追杀叛军。11 时前后，副团长负伤，黄埔五期学生廖运周、许光达等将他救下。下午，许继慎腿部负伤，他用绑腿简单包扎一下，继续冲锋指挥。中途，第 75 团团长孙一中也率队前来配合夹攻，敌军后方动摇，有溃退迹象，许继慎一面令人吹起紧急冲锋号，一面率领全团跑步追击。不料一颗枪弹穿透他的左肋下部，顿时血流如注，他继续冲锋，又一颗枪弹击穿右肋，子弹从左胸穿出，击穿左手，他血染征衣，倒在血泊中，昏死过去。孙一中兼领第 72 团，激战整日，终于击溃敌军。革命军追击至乌龙庙，在土地塘一带与敌人再次展开战斗，又将敌击溃，占领了土地塘。至此，夏斗寅的叛乱被粉碎，武汉转危为安。

辗转沪皖觅新方

1927年7月15日，以汪精卫为首的武汉国民政府也彻底撕下“左派”画皮，叛变了革命。他与蒋介石相互勾结，狼狈为奸，共同举起屠刀，疯狂地屠杀共产党人和革命人民，白色恐怖笼罩全国，革命力量遭到严重摧残，轰轰烈烈的大革命失败了。从此，内战代替了和平，黑暗代替了光明，中国人民被推入十年内战的血海之中，中国革命进入极其艰苦曲折的阶段。

但是，中国共产党人和革命人民没有被反动派的血腥屠杀所吓倒，他们从血的教训中清醒地认识到：离开了武装斗争，就没有无产阶级的地位，就没有人民的地位，就没有共产党的地位，就没有革命的胜利。从此，党走上了独立领导武装斗争的道路。

为了挽救中国革命，7月下旬，由中国共产党掌握和影响的军队，从各地迅速向南昌汇集。叶挺率领的国民革命军第11军第24师等以“东征讨蒋”的名义，离开武汉开往九江、南昌。在沉沉夜色中，江轮启动，革命官兵们面对滚滚东去的波涛，慷慨激昂地说：军阀手中铁，工农头上血。现在是我们为革命牺牲的时候了，我们抱定必死的决心去战斗！

在5月武汉保卫战中，于纸坊车站负重伤的许继慎也随军去了九江。在九江，许继慎经历了一次人生的重要考验。这个考验来自他所在部队的老上级、当时担任第二方面军总指挥的张发奎。

和叶挺一样担任过孙中山警卫团营长的张发奎，当时已经成为粤军将领的首领、第二方面军的总指挥。尽人皆知，北伐战争中第4军之所以能够获得那样大的战绩，以至荣膺“铁军”称号；张发奎之所以能够飞黄腾达，从师长、第4军军长登上总指挥的宝座，以至挤进中国著名军事人物行列，除了他自己具有政治军事才能外，更是得益于中国共产党从政治上、民众运动上对于北伐战争的坚强领导，得益于一大批共产党员在军事作战和军队政治工作方面所做的卓有成效的努力。正是独立团汀泗桥、贺胜桥、武昌城的血战，才使第 4 军荣获“铁军”的光荣称号。

由于这些缘故，张发奎的反共行为比别的高级将领来得晚一些。在南京“分共”时，他仍自称“革命将领”，口口声声要“打倒蒋介石新军阀”。其实，张发奎是迫不得已，因为他手下不少战功赫赫的师、团长都是共产党人，他担心因为“分共”而搞垮自己的部队。他的信仰决定了他把汪精卫看成是他的精神领袖，把国民党看成是他的政治归宿，他要“分共”，但他能否得心应手地指挥这支部队还是个问号。有人告诉他，在“分共”之前要在共产党人中挖几个骨干过来，如许继慎等人。

在许继慎到达九江不久，张发奎就以慰问的名义，在总指挥部副官处宴请许继慎。在他认为差不多的时候，便开始了他构思已久的谈话：“许团长，我知道你是北伐军中共产党方面的骨干之一，目前宁、汉双方都在拿你们开刀，形势不妙啊！”

“蒋介石、汪精卫叛变革命，屠杀工农，民愤极大，我们早晚要和他刀枪相见。”许继慎毫不犹豫地说。

“去年（1926 年）我到广州促成北伐，赞同国共合作，大家都是一致要对付北洋军阀的啊，谁想到现在又冒出个清共、分共。我不赞成你们的过激主张，也不赞成宁、汉的做法。我准备带领一支武装，回广东老家继续革命。”

许继慎睁大眼睛盯着张发奎，显出一副诧异的神色。他还不知道这位“老总”葫芦里装的什么药。“你是我十分信得过的团长。”张发奎压低声音对许继慎说，“我们准备组建一个独立师，让你来当少将师长。我希望你跟我们走，不要跟共产党走。”张发奎喝口茶，继续说：“共产党处境艰难啊！宁、沪、汉是宁可错杀一千，不可漏过一个。现在这里也有人提出共产党人不能带兵。偌大的中国竟没有你们的立足之地，我看你不如脱离共产党算了。”

许继慎警惕起来，盯着张发奎说：“我既不跟蒋走，也不跟汪走，同样也不会跟你走，除非你加入我们共产党。”

“哈哈哈……”张发奎表情复杂地挠挠头，“我对你们共产党人的才能是十分钦佩的。如果你们这些共产党人能够永远留在我的身边，我就会无往而不胜。”

“你说对了，第4军在北伐中之所以能够打胜仗，成为‘铁军’，你之所以能有今天的地位，是由于我们共产党的帮助、共产党员的英勇牺牲。你们要想跟着蒋、汪走，就是死路一条。”

“许团长，不要激动，这是我给你的一次机会，何去何从，将决定你一生的命运。”

“没有什么好考虑的。军阀手中铁，工农头上血，我抱定必死的决心去殉葬我们的事业！”在形势瞬息万变的斗争风云中，许继慎有磐石般的信念，对革命忠贞不二。

7月底，周恩来由武汉经九江赶赴南昌，组织领导南昌起义。许继慎尽管重伤未愈，仍然要求参加起义。在起义前夕，周恩来决定，伤残未愈人员一律不参加起义。许继慎便遵照中央指示和前委决定，于起义后第二天，由九江乘轮船赴上海养伤。

8月7日，中共中央在汉口召开紧急会议，批判和纠正了陈独秀的右倾错误，确定了武装反抗国民党屠杀政策和开展土地革命的总方针。这给许继慎以莫大的鼓舞。

许继慎身在上海，时时惦念周恩来等领导的南昌起义的部队情况，时刻盼望能尽快回到部队去战斗。不久，他接到叶挺来电，要他火速归队。许继慎喜出望外，同刚到上海的原第10师第28团参谋长徐石麟一起乘船去汕头，追赶南下的起义部队。不料，船到汕头时，这里已被反动派占领，起义军正在揭阳、普宁间与敌人鏖战。他无法登岸，只好随船抵香港。不久，叶挺也因南昌起义部队返粤作战失败而来到香港。这时，共产党正处在极端困难的时期，许继慎的生活津贴已无以为继。叶挺了解到这一情况后，便给了许继慎夫妇200块大洋。谭冠玉要用这些钱买服装鞋袜，许继慎不同意。许继慎说，当前，党正处在困难时期，这次发了200块大洋，不能指望下次什么时候再发，衣服除非用于地下活动化装之用，否则不能再买。谭冠玉思想进步，性格开朗、活泼大方，与许继慎志同道合、感情融洽，听他这样一说，便不再坚持自己的要求了。

谭冠玉是许继慎的第二任夫人。此前，许继慎的父母在他很小的时候就给他抱了一个童养媳——汪氏。汪氏长许继慎两岁，家住六安苏埠附近的农村。小时候，汪氏与许继慎以姐弟相称。到了许继慎 18 岁时，母亲执意要他俩拜堂完婚。这对于追求真理、追求进步，正在奋发读书的许继慎来说是不能接受的，但是，对寡母他又不能违抗。他希望得到汪氏的支持，推迟婚期。汪氏是童养媳出身，而且年近 20 岁，对婆婆的决定当然不能拒绝。这样，就在许继慎 18 岁那年的冬天，在母亲的催逼下，他与汪氏结婚了。由于这桩婚事违背了许继慎的意愿，婚后，他与汪氏的感情一直不好。开始时，母亲还经常责劝，但见久劝无效，后来也就不说了。至于汪氏，她觉得女人为妇之道就是“三从四德”“女无男，身无主”，只要自己有个主，行得正，坐得端，不给人家闲话说就行了，既然嫁到了许家，那就生是许家人，死是许家鬼，至于能否与丈夫和谐地生活，她并不过于计较。她孝敬婆婆，操持家务，不企望从丈夫那里得到什么。后来，许继慎因为在外求学、参加革命工作，与汪氏上基本没有什么来往。

1924年10月，许继慎身染小恙，去军校医院治病时，认识了女护士小谭。这一偶然的相遇，改变了许继慎的生活。小谭就是谭冠玉，原名贯如，广东省阳江县人，1905年生。谭冠玉的父亲谭伯华，以修理钟表为生。母亲关修仪是一个家庭妇女。谭冠玉兄妹6人，她排行居二。少年时在家乡读书，后考入广东省花县江村普惠医院学习护士专业，毕业后到医院当护士。1924年，应黄埔陆军军官学校招聘，在该校当护士。因同班有8个女护士，谭冠玉年龄最小，人们便称她为“八姑”。在接触中，她倾慕许继慎的进步思想及出众的才华，她本人也是一个进步爱国青年，亦为许继慎所中意，两人遂于1925年第二次东征胜利后，在广州结婚。

1928年，谭冠玉于上海生下一子，许继慎为其取名为“民庆”，意思是争取民族解放、民主、自由，与民同庆。1931 年 11 月，许继慎被张国焘杀害后，谭冠玉抚孤自立，携子辗转流离。1932 年，她忍痛将年仅 4 岁的许民庆托交兄长谭自昌。谭自昌将许民庆带到阳江和乐昌县北乡九峰山南面枫树下抚养。1945 年春，谭冠玉因肺病不治逝世，安葬于粤北乐昌县北乡九峰山南面枫树下，终年 40 岁。

许继慎在香港过了一段时间后，身着长衫，头戴礼帽，手拿文明棍，化装潜回广州，又与黄埔军校一期三队同学侯镜如同船去了上海。尽管当时到处是白色恐怖，但许继慎毫不畏惧，充满了乐观主义精神，一路上，不时地和侯镜如开玩笑。

南昌起义部队在广东潮汕地区失败后，一些起义人员汇集在上海各租界内党的秘密机关里。周恩来指示这批骨干回地方搞工农武装。许继慎遵照党的指示，带领李坦（李荣桂）、陶紫光、孙一中、廖运泽、廖运周、胡允恭等返回皖西，图建革命武装。孙一中等被派往柏文蔚部办学兵团，孙任团长，胡允恭任省委特派员。在工作中，许继慎被敌人认了出来，不得不离皖返沪。途经合肥时，他找到了原安徽省学生联合总会委员童汉璋及范毓南、徐梦观等共产党员，组建了中共合肥党小组，属中共六安特别区委领导。这是他在大革命失败后，帮助皖西建立的又一个党组织。此后，他即返回上海在中央军委机关工作。

许继慎在国民党统治下的上海居住了两年。两年中，他一天也没有停止过革命斗争。表面上，他没有具体职务，过着赋闲的生活；实际上，他在进行一场特殊的战斗。他在周恩来的直接领导下，利用乡土关系，以个人交友的方式，对留居上海的安徽名流、北伐时期的国民党军政要人常藩侯、柏烈武等做统战工作。许继慎通过享有很高社会威望的朱蕴山和他们取得联系。在这场特殊的战斗中，许继慎立场坚定，机智灵活，既讲原则，又讲策略。他揭露蒋介石培植亲信、排斥异己、背叛孙中山、屠杀工农的罪行，正确地解释党的政策，宣传马列主义。由于许继慎积极工作，促使许多人认清了蒋介石的反动面目而倾向革命。当时，国民党反动派也企图拉拢他，第三党也曾争取过他，但许继慎根本不为所动。党内有些同志由于不了解他的任务，曾经议论他交游过广，误称他不分敌我、消极动摇。他听到这些议论后，只是一笑置之，从来不加辩解，表现出共产党员甘为党的事业忍辱负重的宽广胸怀。

04 献身革命见“精忠”

统领三师创一军

1930年春天，革命形势进一步发展，敌人营垒中矛盾进一步激化，蒋介石和冯玉祥、阎锡山之间的混战即将爆发。这种形势为大别山区的3支红军和3块革命根据地的统一提供了有利的条件。

2月中旬的一天，正当许继慎忙碌于隐蔽战线的统战工作时，他突然接到中央军委交通员的通知，说是周恩来要和他进行一次重要谈话。

许继慎急忙赶到中央军委的秘密办公机关。周恩来看见许继慎走进来，就从一沓文件上拿起一张任命书，亲切地说：“你该离开上海了！”“这是中央的任命，许继慎同志，中央已决定将大别山三支红军建成统一领导、统一指挥、统一行动的一支红军，番号为中国工农红军第1军。中央和中央军委决定任命你为红1军前委委员、红1军军长。”听完任命决定，许继慎感到出乎意料，没想到中央的任命这么突然。早在六霍起义创建红33师的时候，六安中心县委就致信中央，要求许继慎回去当师长，许继慎推辞了。许继慎心里清楚，他的家乡大别山相继爆发了黄麻起义、立夏节起义（商南起义）和六霍起义，建立了中国工农红军第11军第31师、第32师和第33师。这3支红军队伍虽然名义都属于红11军，但实际上各自为战，相互之间不协调，缺乏统一指挥。六安中心县委、鄂东北特委和信阳中心县委致信中央，认为应把大别山境内的3支红军部队联合起来，建立统一的司令部，制订共同的作战计划，需要统一的党和红军领导……事实上，一提到领兵打仗，长期驰骋疆场的许继慎就动了感情，多少次梦里回到战场。许继慎刚坐下又站起来说：“恩来同志，我连师长都没有当过，怎么能当军长？我感到不能胜任！”周恩来语重心长地回答：“军长不是天生的，当前革命形势发展迅猛，红军组织发展更是一日万里，中国各地红军要扩展为 14 个军，在国内的共产党人也只有朱德、贺龙当过军长，最近我们已经从中央军委抽调了大批军事骨干到各根据地去担任军、师长，你们安徽寿县的黄埔一期生孙一中将到洪湖苏区去担任红 6 军军长，派你到大别山去当军长是顺理成章、众望所归的事，你不必谦让。我在中央政治局会议上介绍你的优点是政治上很强，军事上能打仗，派你去担任军长，是最好不过的人选！”

“可是，我觉得还是有点不妥……”许继慎还想说些什么，周恩来摆了摆手制止了他，“派你去鄂豫皖，中央是经过慎重考虑的。我们选你这个‘铁军’的‘铁将军’去，就是希望你把叶挺独立团的战斗作风带到红 1 军去，带出一支铁的红军队伍！使鄂豫皖苏区成为苏维埃运动在长江北岸的一面旗帜”。周恩来的这些话充满了巨大力量，这力量启发、激励起蕴藏在年方 29 岁的许继慎心中的无限勇气和智慧，他不再推辞了。他笔挺地站了起来，习惯地敬了一个军礼，郑重地说："党交给我的任务，一定完成！"

随后，周恩来在上海吴德峰的住处，召集郭述申、许继慎、曹大骏、熊受暄等开会。周恩来首先分析了国内外形势，然后宣布了党中央的两项决定：任命郭述申为鄂豫皖特委书记，许继慎为红1军军长，徐向前为副军长，曹大骏为政治委员，熊受暄为政治部主任。

许继慎在接受中央任命以后，就着手离开上海赴鄂豫皖苏区工作。作为一个军人，许继慎时刻都在渴望回到战场上。可是这一去，就要离开他25岁的妻子谭冠玉和1周岁零3个月的儿子。许继慎离开上海前，朱蕴山等几个朋友为他饯行。平时他是烟酒不沾的，那天晚上，许继慎却喝得酩酊大醉。他频频吻着只有1岁多的儿子许民庆，似乎预感到这一去，将是生离死别。就在前不久，他才知道由他介绍入党的弟弟许希孟，在领导独山农民暴动时被逮捕，敌人割下了弟弟许希孟的头，挂在城墙上示众，母亲和许希孟的妻子也都下落

不明。言及此事，他咬牙切齿地发誓：“此去将与蒋介石国民党决一死战！”誓毕，一直忍着不让流出来的眼泪再也控制不住了。“党仇未报，家仇未泯，此去大别山，我许继慎一定要为党、为革命、为死难烈士和受害的人民同敌人决一死战！青山处处埋忠骨，何必马革裹尸还！冠玉，我要是战死了，你可一定要千方百计把咱们的儿子带大，告诉他，他的爸爸是共产党员，是红军，是红军的军长！”说完，抱起儿子频频亲吻，席中四座无不为之热泪盈眶。

党中央派遣许继慎等到鄂豫皖边区的决定，受到了各方面的关注。朱蕴山千方百计地筹集了1万元赠送给许继慎，作为扩大红军的活动经费。

党中央的信任，同志们的嘱托，无产阶级革命的献身精神激励着许继慎。受命后不到半个月，他即在中央交通员的护送下，由上海乘轮船经武汉到达鄂东根据地。

1930年4月初，许继慎同另途到达的郭述申一起，迅速开展了建立党的统一领导和整编红1军的工作。4月中旬，在湖北省黄安县箭厂河召开了鄂豫皖边特区委员会和红军领导干部会议，会上宣布和讨论了中央的指示，组成了中共鄂豫皖特委和红 1 军前敌委员会，通过了改编红军的决议。根据中央决定，特委由许继慎和郭述申、何玉琳、王平章、徐朋人、徐向前、戴季伦、王秀松等人组成，郭述申任书记；红 1 军前敌委员会由军长许继慎、政治委员曹大骏、副军长徐向前以及各师师长和两名士兵党员组成，曹大骏任书记。会后，红 1 军军部随即组成，设有政治部、参谋处、军需处、军械局和军医院。原红 31 师 11 大队改编为军部教导队。

箭厂河会议后，许继慎、曹大骏、熊受暄等迅速对部队进行整编。他们首先来到红 31 师，受到师长徐向前、党代表戴克敏的热烈欢迎。徐向前、戴克敏表示服从中央的决定，服从许继慎的领导，欢迎许继慎任红军军长。

徐向前原名徐象谦，1927 年 3 月加入中国共产党，也是黄埔军校第一期的学生，曾任武汉中央军事政治学校学生第四队队长。1927 年年底，参加了广州暴动。1929 年 4 月，中央军委派他到鄂东，担任由黄（安）麻（城）起义部队组建的红11军第31师副师长。在军长兼师长吴光浩于商南腾家堡与民团作战牺牲后，即由他任师长。徐向前曾经听说过许继慎的名字，知道他是叶挺独立团第2营的营长，后来又任第72团团长，只是两人不认识，没有见过面。这次见面后，两人很快就熟悉了。

许继慎宣布中央决定，将红31师改编为红1军第1师，副军长徐向前兼任师长，戴克敏（后为李荣桂）任政治委员，下辖5个大队，对外称团，共800余人。

此时，红32师、红33师在皖西活动。许继慎为了完成整编任务，执行中央集中红军向外发展的方针，决定将红1师留驻鄂东地区，向京汉线南段出击，自己则率军部东进商南地区（今属安徽省金寨县），经余子店、挥旗山，到南溪找到了红32师，将该师整编为第2师，师长漆德玮，政治委员王培吾，下辖第97、第98、第101、第102等4个团，计600余人，500余支枪。同时，以原红32师一部和当地游击队共300余人组成红 1 军独立旅，廖业祺任旅长，留驻豫东南根据地坚持游击战争。此后，许继慎率红 2 师东进皖西，与红 11 军第 33 师在金家寨会合。

5 月 23 日，许继慎和红 1 军前委主持召开了中共六安中心县委、红 2 师、红 33 师领导干部联席会议，传达党中央关于建立鄂豫皖边特委和红 1 军的决定及当前形势任务的指示。许继慎在会上宣布将红 33 师改编为红 1 军第 3 师，周维炯任师长，肖方任副师长，姜镜堂任政治委员，下辖第 106、第 107 两个团，计 300 余人。

为了坚持皖西地区的游击战争，许继慎和前委又决定相继建立中央独立第 1 师和中央独立第 2 师。独 1 师由原红 33 师的一个连和六安、霍山游击队组成，徐百川任师长，王文生任政治委员，全师编为 4 个团，约 400 人枪，归中共六安中心县委领导。独 2 师由当时活动在六（安）霍（山）地区的原潜山工农红军第 34 师改编而成，王晓亭任师长兼政治委员，该师有百余支枪、200 余人。仅 1 个多月，统一、整编、创建中国工农红军第 1 军的工作胜利完成。全军共辖 3 个师另一个独立旅，计 2100 余人，加上中央独立第 1 师、独立第 2 师 500 余支枪、600 余人，全根据地共有正规红军和地方红军 2700 余人。

创建红 1 军意义十分重大。红 1 军的组建，不仅解决了鄂豫皖红军统一指挥、相互配合的问题，而且为克服山头主义、宗派主义和狭隘的地域观念，提高战斗力，开辟、巩固和发展革命根据地，创造了极为重要的条件。红 1 军的建成，是鄂豫皖边区革命斗争的一个重要转折点，标志着这个地区的革命斗争进入了一个新的发展阶段。

势如破竹战皖西

1930 年 5 月，蒋介石、冯玉祥、阎锡山军阀之间的混战，在河南、山东、湖南等地爆发。原驻鄂豫皖边区的敌第 13 师、第 48 师及警备第 2 旅等部均被调往参战，留驻的敌人只有从四川调来的第 20 军郭汝栋部，但其装备低劣，战斗力不强。

盘踞在根据地内的少数敌军和地方反动武装，或龟缩城里，或凭寨固守。这一客观形势，给红 1 军提供了向外发展的大好时机。

1930 年 6 月中旬，许继慎指挥部队驰骋于淮河上游、皖西京汉铁路南段等地，获得了一个接一个的胜利。他亲自率领红 1 军第 2 师、第 3 师向六安、霍山西部地区发动进攻。许继慎率领军部抵达南溪后三四天，就打下了流波碴。这是许继慎率部东征皖西取得的第一个胜利。

流波碴是六安西南山区（今属安徽省金寨县）的一个小镇，山环水绕，易守难攻。守在这里的敌人号称“独立团”，是由国民党地方政府收编的土匪队伍。他们在镇中心筑有坚固的炮楼，凭坚固守。发起进攻前，许继慎亲作周密的布置和战前动员。在指战员们的眼中，这位新任军长浓眉大眼，神采奕奕，既平易近人，又威严庄重。只见他中等身材，长方脸盘，穿一身灰布军装。不论是站着、坐着或行进间，他的上半身总是保持立正的姿势，如山岳一样的巍峨，一股浩然正气溢于眉宇。他饱读诗书，又是黄埔一期优等生，北伐的英雄，文韬武略，才华横溢，深得指战员的敬佩和拥戴。许继慎对这支新锐部队的旺盛斗志和战斗作风也很满意，决定晚间实施攻击，自己亲率教导队和手枪队从东面进攻。当时部队还没有打巷战的经验，夜间打进镇内，又被拥有优势武器的敌人打出来，战斗进行得很激烈。战到拂晓，敌人退至镇中心地区。此时，亲临火线的许继慎果断地改变部署，采取了灵活的战术。先从第 2、第 3 师进攻方向，派少数部队隐蔽地爬上房屋冲进去，顺街道从南向北打，教导队和手枪队则从东向西打，形成两面夹击。同时，组织特等射手封锁敌人的枪眼，还抬来大土炮轰击敌街头工事和炮楼，掩护部队进攻。

新的攻击开始后，敌人的枪弹朝着许继慎的指挥点集中射来。担任护卫的教导队排长王宏坤见状大喊："军长，这里危险，你快下去！"许继慎若无其事地说："不行，我要看着你们打下来！"红军指战员按新的部署很快扫清了敌外围据点。攻到炮楼跟前，则用火烧、烟熏，逼着堡内敌人缴了枪，终于全歼守敌。

紧接着，许继慎挥师东向，攻打麻埠镇。麻埠当时也属六安县管辖（今属安徽省金寨县），是六安县土特产品贸易集散地，皖西一带流行着“金麻埠，银独山，苏家埠就是金銮殿”的谚语，守敌为潘善斋新编第5旅的一个团。潘旅是方振武基本部队鲍刚师的残部。鲍刚曾任国民革命军第41军军长，并收编了吴杰的第42军，1929年任整编第45师中将师长，随省政府主席方振武进驻安徽，不久因方被蒋介石扣押而在芜湖起兵反蒋，被蒋介石的大军击溃，其残部被收编为新编第5旅，于1930年春进驻六安一带。其主要目标是对付红33、红32师，战斗力颇强。许继慎乘逃敌立足不稳，首先命令红2师第4大队抢占制高点，一举夺下镇南的四方山。他自己率主力从正面攻击，迅猛地打进镇内，将守敌歼灭大半，缴获甚多，从此改变了红2、红3师“人少枪少装备差”的状况。

乘着部队连打胜仗、士气高涨之机，许继慎又指挥部队猛追敌人，在东、西鲜花岭地区歼灭逃敌和被地方当局收编的土匪“小罗成”独立团各一部，残敌向独山、苏家埠逃窜。

潘旅进驻六安后，就伙同反动民团，对群众敲诈勒索，稍有违抗，即任意毒打和关押，对红军家属和革命群众则肆加迫害和屠杀。因而，皖西人民对其深恶痛绝，极力反抗。相反，红 1 军纪律严明，所到之处，群众非常欢迎。在皖西，红军有深厚的群众基础。中共六安中心县委发动群众开展支前工作，动员青壮年参加红军。在地方党组织和人民群众的密切配合下，许继慎指挥的红 2、红 3 师所向披靡，几天之内连克流波䃥、麻埠、独山、西两河口等地。镇守六安的潘善斋大为惊恐，急忙纠集其新编第 5 旅主力和各路残敌，企图寻找主力决战，在霍山县下符桥地区，与南下的红 2、红 3 师相遇。当时，大雨滂沱，许继慎果断地指挥红 2、红 3 师主力迎头痛击敌军。敌人本不善雨天作战，加之有辎重，行动不便，一下就被红军冲击得七零八落，混乱不堪。激战两个小时后，红军毙、俘敌副旅长以下 700 多人，缴重机枪 1 挺、迫击炮 1 门。残敌丢盔弃甲，狼狈逃回六安。

战后，红军冒雨行军，继续南下，第三次打下霍山县城，再歼敌地方武装千余人，并就地休整补充，发动群众，建立苏维埃政权。这样一来，皖西根据地的区域进一步扩大，霍山县境几乎全部为革命势力所控制。

7 月初，红军主动撤离霍山县城，准备南下进攻英山，途经霍山燕子河（今属安徽省金寨县）时，与中共英山县委领导的游击队会合。英山县委书记金仁宣也是黄埔军校的同学，许继慎一见到他，就紧握着他的手说："自黄埔军校分手到北伐战争的胜利，我们奉党的指示，各奔一方，想不到今天在这里又见面了。"金仁宣把县委和游击队负责人傅昆言、姚家芳、闻维峻等人向许继慎一一作了介绍，并汇报了有关情况。许继慎随即和曹大骏、熊受暄、金仁宣等人在一起开会，研究作战问题。

英山驻敌为余亚农旧部韩杰旅。余亚农于 1929 年任整编第 44 师 131 旅旅长。方振武被蒋介石扣押后，余率部 5 个团共万余人在安庆起兵反蒋，遭蒋军 7 个师重兵的围攻，乃退往太湖、宿松、黄梅一带打游击。中共党组织曾派人争取余亚农部，劝其北上向红军部队靠拢。余不听劝告，率部从广济渡过长江，在江西省瑞昌被国民党军缴械。但余部韩杰团没有过江，却趁机将未及过江的全旅后勤辎重占为己有，接着吞并了广济、蕲春、宿松、黄梅、英山等地的民团武装，很快由 1 个团变成了 3 个团，扯起了韩旅长的大旗。到 7 月初，韩旅又扩充至 5 个团，号称 1 个师，韩自称师长，还打着反蒋的旗号，企图拉拢、吞并英山游击队。英山游击队被迫退往霍山县境内。

根据军部会议决定，红 2 师攻歼驻金家铺韩旅起家的第 1 团；第 3 师和英山游击队布置于金家铺南面 15 里的狮子坳，控制通往英山的道路，以阻击英山援兵和截击可能由金家铺南逃之敌。此战中，许继慎采取了攻点打援的战术，在运动战中分割、歼灭敌人。

7 月 11 日晚，红军各攻击部队悄悄地进入阵地。许继慎将指挥部设在摆茶水摊的小茅屋里。他考虑到月明如昼，给红军的运动增加了困难，而且西北部敌军防守很严，不易突破，于是立即决定派一个营顺河堤西侧向南运动，待月亮下山后改从金家铺西侧进攻。拂晓前，战斗开始，红2师很快突破敌军西边防线，冲进了金家铺街，进行激烈的巷战。敌军遭到突然打击，仓皇向英山城逃窜，不料钻进许继慎布置的“口袋阵”。许继慎指挥红2师跟踪猛追，与截击部队协同，将逃敌包围于狮子坳地区予以全歼。

当时，红1军油印的战报曾载：“是役，全歼敌军一个主力团，打死打伤敌团长以下200余，俘敌800余，缴获长短枪1100余支、子弹20万余发、马尾手榴弹1000余颗、大批的军需品和八铁箱银元。”

7月12日早上，韩杰率领两个团走河西，另一个团走河东，向金家铺反扑。许继慎当即指示，把缴获的武器、弹药和银元运出去，部队主动让出金家铺街，朝东北燕子河方向撤退。当时稻子刚抽穗，粮食很困难，沿途群众早就“跑反”走了。向金家铺反扑的敌人因事先没有准备粮食，至下午已疲惫、饥饿不堪，一个个无精打采。许继慎得知这一情况，便命令部队停止北撤，决定利用河堤东侧树林竹丛为掩护，组织部队伏击沿河滩走来的敌军。当敌军进入红军伏击阵地时，立即遭到红军的猛烈扫射，敌人死伤数百人。剩下的敌军，仓皇向南逃窜。许继慎当即指挥红2师和英山游击队乘胜追击敌人，同时命令红3师从狮子坳东面的山上扑下来，切断敌人后路一举将溃败、混乱之逃敌消灭殆尽，韩杰骑马带着二三百人落荒而去。许继慎鼓励和安慰英山县委的同志说："今天便宜了这个军阀，来日再收拾他！"

当晚，红1军和英山游击队驻扎在城东北新铺、孔家坊、王家畈一带，准备次日拂晓进攻英山县城。不料韩杰守城的一个团得知韩杰反攻金家铺失败，星夜撤出县城，逃奔浠水去了。7月13日晨，红1军乘胜占领了英山县城。许继慎率部在县城休整六七天，并帮助英山县委开展工作，组建了英山县革命委员会，发动群众打土豪、分浮财，在各地建立农民协会和赤卫队，将英山游击队扩编为红军中央独立第1师第5团，使英山红色区域与六霍根据地连成一片。

捷报频传鼓人心

红 1 军第 2、第 3 师部队在许继慎的直接指挥下，经过在皖西东征南下的胜利作战，经受了战争的锻炼，得到了发展。尤其是英山之战，红军歼敌 3000 余人，缴枪 1000 多支，这是鄂豫皖红军首次歼敌一个旅的空前胜利，从而军威大振，士气高涨。红 2 师发展到 1200 余人枪，红 3 师也拥有 400 余人枪，并装备了迫击炮和机关枪。7 月中下旬，许继慎率两师奔袭罗田，守敌闻风逃窜。此时，蒋、冯、阎军阀混战方酣，平汉铁路南段敌军守备薄弱，许继慎立即率师西进，准备与红 1 师会合，以便集中兵力寻求更大的战机。

红 2、红 3 师在皖西取得节节胜利的同时，红 1 师在副军长兼师长徐向前的率领下，根据 4 月许继慎的提议和红 1 军前委的部署，积极向平汉铁路南段出击，连战连捷。6 月中旬，红 1 师由孝感县二郎店奔袭平汉线杨家寨车站，歼敌郭汝栋第20军两个连。接着在杨平口附近全歼进攻之敌第20军独立旅第1团1200余人，缴枪1000余支。7月下旬，红1师再度出击平汉路，一度攻克祁家湾车站，于7月29日全歼平汉线车站花园镇驻敌钱大钧的教导第3师第5团，毙伤俘敌1400余人，缴重机枪8挺、迫击炮5门、长短枪800余支。战后，红1师在小河溪进行第三次扩编，全师编为2个步兵团、1个机炮混成团，约3000人。8月上旬，红1师西越平汉线，袭占云梦县城，开仓分粮，进行了大规模的宣传，数日后返回路东小河溪休整。

红1军在皖西六英霍一带和鄂东平汉线南段连战连捷，使正在对冯玉祥、阎锡山作战的蒋介石军队受到严重威胁。蒋介石急忙把驻河南的戴民权新编第25师调平汉线南段担任护路任务，另调彭启彪新编第14旅到花园镇附近布防。8月21日，戴民权以其第147团团长戴鸣福为临时前敌总指挥，带领第146、第147、第148团向红1师进攻。红1师鉴于小河溪离铁路太近，不便作战，遂向黄安四姑墩转移，以诱敌深入。

此时，许继慎已率红 2、红 3 师由罗田北上，经麻城滕家堡，商城南溪、汤家汇，转而西进光山，正在部署进攻光山南部的新集。新集是鄂豫边重镇，有城有寨。它东濒潢水，三面皆山，地势险要。许继慎准备打开新集，以扫除鄂豫边根据地通向豫东南根据地和皖西根据地的重要障碍。他命令红 2、红 3 师和教导队分别从三面山头上向新集进攻，遭到了守敌的顽强抵抗。他正准备重新组织兵力攻击时，忽接到红 1 师在黄安西北四姑墩诱敌深入的报告，遂即撤出战斗，率部向西南急进，与红 1 师举行战场会师。

8 月 22 日，敌 3 个团进至四姑墩附近。四姑墩西面是一条大河，红 1 师在东北防御，利用有利地形，趁敌人孤军深入之际发起反击，歼敌一个营。就在敌人组织两个团反扑之际，许继慎率部赶来，与徐向前会面，共同察看地形，研究部署战斗任务。随后，许继慎指挥红 2、红 3 师向西北迂回到敌人左侧攻击，徐向前率红 1 师继续进行正面反攻。由于红军兵力集中，加之采用迂回包抄、两

面夹攻、短促突击的战术，很快歼敌一个团。余敌溃不成军，连夜西逃。红军涉水过河，追击逃敌，直逼平汉线。8 月 23 日，敌第 14 旅又从平汉线分三路反扑，红 1 军 3 个师集中兵力，将敌进驻小河溪的一个团大部歼灭，其他两路敌人不战而退。以上两战，共计缴获长短枪 400 余支、迫击炮 3 门、机枪 3 挺。

红 1 军 3 个师的首次会师，在鄂豫皖红军历史上是一件大事，标志着红 1 军进入迅速发展壮大的新阶段。3 个师的胜利会合，使鄂豫皖红军主力形成了一只“拳头”，统一了指挥，较大地提高了部队的作战能力。这有利于红军向大规模运动战、攻坚战等作战方式转变，可以集中力量大量歼敌；有利于在地方武装的配合下，完成巩固、发展根据地和红军的任务。

6—8 月的 3 个月中，红 1 军各师在许继慎、徐向前的正确指挥下，先后攻克了霍山、英山、罗田、云梦等县城和许多集镇，共计歼敌 7000 余人，威震江淮。同时，红 1 军边作战，边整训，边补充，人数由改编时的 2100 余人发展到 5000

多人，根据地也进一步扩大。

在红军接连取得胜利、革命力量迅速增长的同时，党内存在着的“左”倾思想又有了新的发展。6月11日，中共中央政治局在李立三主持下，通过了《新的革命高潮与一省或几省首先胜利》的决议，对中国革命形势、性质和任务等问题提出了一系列错误主张，制定了以夺取武汉为中心的全国总暴动和集中红军进攻中心城市的冒险计划，要求各地红军集中全力去攻打大城市。

8月上旬，中央特派员聂洪钧到达鄂东北后，中共鄂豫皖边特委在黄安召开党团联席会议，决定立即组织以孝感、花园、广水、信阳、潢川、黄陂和宋埠为中心的地方暴动，口号是“打到武汉过中秋”；合并党团组织，成立“京汉特别区行动委员会”；取消地方武装，“一支枪也要集中到红军中去”，扩大正规红军；实行党团员武装化；开办苏维埃农场。

红1军3个师自8月下旬会师后，军长许继慎就打算对3个师进行混编，以打破地域观念和山头主义。正在他找各个师、团长谈话做工作，为实行混编做准备时，李立三“左”倾冒险主义的各项决议和计划陆续贯彻下来。“长江总行动委员会”指令红 1 军的发展方向——帮助鄂中及京汉路的暴动，切断京汉路以进逼武汉，并准备同红 2 军和红 6 军联合进攻武汉。随后，红 1 军前敌委员会同鄂豫皖边特委联合组成“京汉特区行动委员会”，集中力量向平汉路出击。

9 月中旬，许继慎、徐向前等奉命率红 1 军离开革命根据地，由四姑墩出发，沿平汉路东侧北上，先袭广水车站。广水是山沟里的一座小城，筑有城墙，东西两面是河，只有南北两条通道。守敌夏斗寅部善于防守，会做工事，掩体挖得层层道道，直到外围。当时红军的攻坚能力差，又无炸药，所以许继慎、徐向前决定在拂晓前发起袭击。但因敌人早有防备，凭坚固守，故袭击未奏效。直打到太阳偏西，红 1 师伤亡较大，只得在机枪掩护下撤出，回到四姑墩休整、补充。

9 月 22 日，红 1 军又受令北上，向信阳发动进攻。而担任平汉路正面防御的刘峙、赵观涛、肖之楚等国民党军队，都在信阳设有留守处，并囤积着大量军械和粮食。如果红 1 军能攻克信阳，将给敌人以沉重打击。

许继慎博学多闻。他告诉身边的指战员：信阳古称义阳，春秋时期为申国，北宋太平兴国元年改为信阳，战略地位十分重要，历来为兵家必争之地。他鼓励战士们发扬有我无敌的革命英雄主义精神，坚决攻克信阳。

9 月 22 日晚，红 1 师以一个团的兵力迅速攻占信阳城北关外火车站后山，歼守敌一个营，控制了制高点；另外一个团一举占领信阳火车站。次日拂晓，许继慎指挥全军强攻信阳县城，不料敌人的援兵乘铁甲车由南、北两个方向赶来，以猛烈炮火向红军轰击。为避免重大伤亡，许继慎果断地率军撤离信阳，向东转进。

广水、信阳两次战斗虽然歼灭了敌人一部分武装力量，但均未达到预期的作战目的，红军反而遭受较大伤亡。许继慎认为，在敌强我弱的情况下，红军远离根据地，继续在铁路沿线活动是十分不利的。为了保存和发展红军，他决定不再盲目机械地执行上级的命令，于是率领全军离开铁路线，先折向东北，袭占正阳以南之陡沟镇，消灭反动民团数百人，随即与当地党组织领导的游击武装会合，并抽调部分人员帮助组织成立正（阳）汝（南）游击队。为了补充下级干部的缺额，许继慎与徐向前、曹大骏、熊受暄等人在陡沟研究决定，成立了红1军随营干部学校，培训排、连、营长。

鉴于正阳地区围寨众多，地势平坦，不利于红军的灵活作战。红1军在该地休整数日后，许继慎就率部南返，走息县、渡淮河，迂回光山、潢川，向鄂豫边根据地靠拢。10月初，红1军渡过淮河，兵分两路南下。一路由许继慎指挥红2、红3师于10月6日下午包围光山县城，将主力部署在东郊。城内守敌由城防局长李耀东主持防务，四门由正规军一个营把守。敌人紧闭城门，实行戒严。县自卫队挨户抓人，强迫城内四保壮丁持锨、锄、红缨枪、棍棒和装着生石灰面的坛子等物上城墙协守。

傍晚，战斗首先在北门打响，红2师猛攻东北段城墙，将其炸开一个缺口，冲进城内与守敌展开巷战。接着，南门和北门也相继攻开，城内守敌开始溃乱。敌补充营营长见大势已去，遂带着残兵向城东方向逃窜。红军最后围歼西门守敌，活捉李耀东，歼敌 400 余人，当夜就完全控制了城内局势。许继慎令部队露宿街头，对居民秋毫无犯。次日清晨，县城四门大开，恢复了正常的集市贸易。

另一路由徐向前率红 1 师计划从光山东边突袭潢川城。潢川城垣坚固，四面是水壕，守敌是戴民权的一个旅，在北门外驻有刚从息县调来的马建章一个团。红 1 师在 10 月 5 日晚突袭未成，仅在北门外歼敌一个营。次日因强攻未克，返回光山休整。

不计得失反“围剿”

1930 年 10 月 13 日，红 1 军在光山县城召开全军第一次党员代表大会。会议开了 3 天，主要内容：一是检查领导工作并改选前委，以加强党的领导；二是反对山头主义等不良倾向，对部队进行混编。

当时，党的六届三中全会虽已召开，但会议精神还未传达到鄂豫皖苏区，光山会议在检查前委的工作时，仍是以能否坚决执行李立三的“左”倾冒险主义为尺度。因此，会上“左”的意见仍然占了上风。一些代表，尤其是中共鄂豫皖边特委的同志，不仅没有看到在李立三“左”倾路线指导下全国各地红军和根据地普遍遭到重大损失，却错误地指责许继慎出击平汉线“作战不力”是一种消极等待革命高潮到来的“机会主义的路线”，要求大会代表对此进行“总的检举”。事实上，在当时的条件下，许继慎率领的红 1 军能够保存下来，并且有所扩充，这已经很不容易了。中央给予红 1 军切断平汉路的冒险任务是不可能完成的。“正因执行了这一任务，就使红军作战与巩固和发展根据地的任务脱节，失去机动作战寻歼敌人的机会。这是第二次‘左’倾路线在红军行动上所造成的损失。由于红 1 军没有机械地在铁路上死拼硬打，而是一旦发觉那样作战不利即离开铁路线，转向敌人守备比较薄弱的城镇出击，才得以避免了大的损失，并获得了一些胜利。”会议无视这些事实，反而对许继慎加以批评，使他在改选红1军前敌委员会时落选，以致削弱了前委的领导力量。新的前委由曹大骏、姜镜堂、王培吾、徐向前、刘英、孙永康、曹学楷及两名士兵代表组成，曹大骏仍任书记。

随着斗争的发展，红1军打乱原建制实行混编的必要性，已越来越明显了。其必要性表现在两个方面：一是有利于打破地方观念，克服山头主义。3个师过去来自3个地区，基本上是按地区系统形成建制的，因此他们存在着地域观念、山头主义，妨碍部队的团结和集中统一。二是便于取长补短，提高全军的战斗素质。3个师建立的时间不一，实战经验、战斗作风、武器装备都有差别。红1师成立最早，底子厚、人数多、武器好，战斗力最强。混编后把红1师的干部和武器多调些给红2、红3师，就能进一步加强这两个师，使全军力量相对平衡，可以形成3只有力的拳头，协同作战，打击敌人。许继慎一直主张部队早日混编，并且做过不少动员工作。光山会议解决了部队混编问题，这与许继慎的努力是分不开的。

光山会议后，许继慎毫不计较个人的荣辱得失，在率军作战的间隙，指导各师召开党的活动分子会议，传达贯彻全军党员代表大会决议精神，按照大会的决定进行部队整编工作。通过整编，将 3 个师混编为 2 个师，第 1 师由 3 个团合编为第 1、第 3 两个团；第 2、第 3 师合编为第 2 师，辖第 4、第 6 团；从第 1、第 2 师各抽 5 个连对调混编。同时，各级干部也进行了调整。为加强军队的领导力量，副军长徐向前兼第 1 师师长，任命李昂茨为军参谋长，政治部主任由政治委员曹大骏兼任，原政治部主任熊受暄改任红 1 军前敌委员会秘书处秘书长。调整后的各师干部为：第 1 师师长刘英，政治委员李荣桂；第 2 师师长孙永康，政治委员王培吾。此后不久，前委为加强皖西的武装力量，扭转该地区的危急状态，又拨军属独立旅、黄麻补充营同中央独立第 1 师合编为第 1 军第 3 师，师长肖方，全师约千人。经过整编，全军辖 3 个师及 1 个随营干部学校，共计 6000 余人。装备方面，除步枪配齐外，还有迫击炮 13 门，机枪

10 余挺，冲锋枪 60 余支。

光山整编，对鄂豫皖边区红军建设有着重要作用。它加强了党对部队的领导，加强了政治工作，统一了编制，统一了纪律，统一了作风，克服了本位主义，增进了团结，对加强部队的战斗力具有重大意义。但是，由于“立三路线”的影响，也出现了一些“左”倾做法，比如：会后又继续执行进攻中心城镇的命令等，造成一些不良后果。

10 月 16 日，许继慎、徐向前率红 1 军经光山县孙铁铺，急行军奔袭罗山县城。

罗山县城有高大坚固的砖城墙，守敌为王秦的第 12 军一个团 500 余人。许继慎根据侦察所得情报，确定在午夜发起总攻，以许世友等人组成的红军敢死队和 3 个突击连选择城西南角的小南门楼和城东南角的魁星楼作为突破点，搭云梯爬城强攻。许继慎考虑到这是红 1 军整编后打的第一仗，一定要打得漂亮。在几次爬城失利的情况下，他仍果断发出命令：非打下罗山不可！不打下受军法处理！在罗山城内地下县委政治攻势的配合下，经过几小时的激战，终于全歼守敌，缴枪 500 余支。整编后出师首捷，军威大振。

10月下旬，红1军移驻罗山潘新店地区。这时，敌夏斗寅部向鄂豫皖根据地南部进犯，黄麻地区吃紧，特委书记郭述申于11月上旬专程赶来要求红1军南下。许继慎和前委讨论，决定放弃光山、罗山，南下打击敌人，伺机向长江沿岸发展，打通与红15军的联系。

红1军南下作战，矛头直指夏斗寅。11月11日，许继慎命红2师及红1师一部向黄陂北姚家集之敌第13师第75团发起攻击。敌军凭借坚固工事顽抗。红军激战一天，屡攻不克，乃撤出战斗。13日，红军进攻黄安之敌第26师第2混成旅，仍未攻下。鉴于两次攻坚作战不利，许继慎遂率部向麻城转移，准备另寻战机在运动中歼灭敌人。姚家集、黄安之敌也因受到打击而仓皇撤走，黄安县城再获解放。

在麻城，县委坚决要求红1军打料棚，说不打下料棚，地方工作无法开展。许继慎和前委考虑，前两次攻坚均未得手，而且料棚也是敌人硬据点，不打为好。正在这时，军部侦悉夏斗寅部补充团的一个营进驻谢店，立足未稳，许继慎决定实施突袭。11 月 24 日傍晚，红 1 师、红 2 师主力急行军扑向谢店、向敌猛攻，一举全歼该敌。这一胜利，鼓舞了群众的斗志，稳定了麻城的局势。

11 月底，天已转冷，但部队指战员还穿着单衣，冬装仍无着落。此时，军部得悉新洲城空虚，只有民团驻守的情报，许继慎决定奔袭该城，搞点物资，解决部队的冬装问题。11 月 30 日傍晚，部队从谢店出发，冒雪踏泥急行军，一口气跑了 50 多里路。途经潘家塘时，得悉敌第 2 混成旅从黄安、宋埠南撤，刚刚到达新洲宿营。许继慎判断：敌人虽成倍增加，但立足未稳，晚饭后正忙于安顿睡觉的地方，秩序混乱，更想不到红军会在恶劣的天气下进攻，疏于防范，因此决定按原计划突袭新洲。经一夜激战，红 1 军全歼新洲之敌一个旅部和两个团，缴获大批枪支和军需物资。新洲是个较大的商埠。红 1 军将敌人粮仓的粮食分给贫苦百姓；把地主、资本家的商店没收，从军长到战士，每人发棉布 1 匹、银元 1 块，并给愿意回家的俘虏发了路费；对中小工商业则采取保护的政

策，买东西一律给钱；向群众广泛宣传红军的宗旨、政策，扩大了党和红军的影响。

红1军在新洲城住了一天，得悉敌徐源泉部有进击新洲的企图，就主动撤离该城，于12月1日东移但店休整。此时，中央派曾中生来鄂豫皖根据地担任特委书记兼军委主席。曾中生一面召集特委开会，一面派人到但店向红1军前委传达党的六届三中全会精神。部队指战员在但店学习3天，统一了思想认识，一致认为三中全会纠正李立三的路线是对的，表示拥护。许继慎更为高兴，因为纠正"立三路线"，无疑证明他避免攻打中心城镇的做法是正确的。在讨论红1军行动方向时，许继慎考虑到向东深入沿江一带白区，不利于机动作战，且红15军已离开蕲黄广到皖西，而皖西、商南根据地大部被敌侵占，成千上万革命群众遭敌屠杀，中共六安中心县委请求红1军回师皖西等情况，提出放弃原来向长江沿岸和蕲黄广发展的计划，改由但店北上回师皖西寻机歼敌、收复失地，得到前委的赞同，遂率部打回皖西。红1军自罗山南下时，虽未查明敌之"围剿"计划，但在姚家集、黄安、谢店、新洲打了 4 仗，打乱了敌人的“围剿”部署，为鄂豫边根据地军民赢得了反“围剿”的准备时间。特别是新洲一战，歼敌 2 个多团，强烈震动了武汉敌人。敌人武汉行营急忙抽调参加中原大战返回的肖之楚第 44 师、徐源泉第 48 师各 1 个旅，于 12 月 2 日乘船抵阳逻、团风一带，并令第 13 师由麻城、宋埠南进，企图南北夹击红 1 军。但红 1 军已在许继慎率领下东进皖西，敌之计划再次落空。

红 1 军在东征皖西途中，才得知敌人发动了第一次大“围剿”。此时，到皖西找红 1 军的红 15 军又西进鄂豫边，找到了鄂豫皖特委。于是，许继慎和曾中生等分头指挥皖西商南根据地和鄂豫边根据地的反“围剿”斗争。敌人也得知红 1 军正在东进皖西，乃重新调整部署，增兵至 8 个师、3 个旅近 10 万人，于 12 月上旬，对鄂豫皖根据地开始了大规模的“围剿”。许继慎率第 1、第 2 师经罗田、滕家堡、松子关、吴家店等地进入商南，与红 3 师会合，连续突袭皖西之敌。12 月 13 日晚，他向全体指战员作战前动员：“今天，我们一定要打下金家寨，这是回师皖西的第一仗。打下金家寨，歼灭八大民团，才能挥师东进，收复根据地，为父老乡亲报仇！”接着，他下达了作战命令。当夜，数路红军犹如天罗地网般罩向金家寨。次日拂晓，趁敌人还在酣睡之中，许继慎指挥部队发起冲锋，红军如滚滚山洪，席卷金家寨。敌人东奔西突，不是死于刀枪之下，就是掉入寒冷彻骨的史河。经 2 个小时激战，歼敌 46 师一个营及反动民团千余人，缴步枪 1000 多支、短枪 300 余支、迫击炮 2 门。当天下午，红军和金家寨群众召开庆祝大会，并公审处决了反动民团头子。

攻打金家寨时，为便于指挥，增强攻击力量，许继慎、徐向前将红 3 师大部编入红 1、红 2 师作战。12 月 15 日，红军乘胜东进，在鹅毛岭击溃守敌一个营，缴枪百余支。16 日占领麻埠、独山，又经西两河口渡淠河。18 日连克青山店、苏家埠、韩摆渡等地，歼敌 2 个营，而后兵分两路，进逼六安县城。

六安县城为敌 46 师一部驻守，城坚壕深。许继慎令第 1、第 6 两团攻南面，第 3、第 4 两团攻西北面。围攻一天后，敌增兵来援，城内守敌乘机从南门出击。战斗中，红 1 师师长刘英负伤，许继慎、曹大骏调徐向前暂回红 1 师代理师长，并认为继续在六安城下与敌相持不利，乃于 12 月 21 日凌晨撤兵。部队冒着大雨向南转移至西两河口地区后，兵分两路，第 1 师直逼霍山，第 2 师一部经石婆店攻克霍邱县叶家集。至此，由于贯彻第二次“左”倾路线而遭沦陷的皖西苏区，大部收复。敌安徽省主席陈调元见六安被围，霍山告急，忙令第 46 师、警备第 2 旅全力防守六、霍，寻机反扑。敌鄂豫皖三省边区“绥靖”督办李鸣钟也令第 30 师一个旅由商城进占金家寨，新编第 25 师一个旅进占叶家集，企图组织新的合围。

鉴于敌情的新变化和敌强我弱的总形势，许继慎决定将主力集中于麻埠地区，诱敌深入，在运动中捕捉战机，集中优势兵力各个击破敌人。12 月 29 日，敌第 46 师分三路向麻埠进犯。军部经侦察和研究，决定在东西香火岭（今金寨鲜花岭）待机歼敌。

香火岭是六安到麻埠必经的咽喉要地。道路

两侧都是陡峭的高山，南北沿路为狭长的山沟，是个理想的伏击战场。12 月 30 日凌晨，许继慎和前委派徐向前率第 1 师第 1、第 3 团和第 2 师第 4 团共 3 个团北出麻埠，迎击中路之敌；同时调第 6 团自叶家集南下石婆店，钳制敌右路一个团；派地方游击队、赤卫军在麻埠以东钳制敌左路一个团；军直属部队和机关守麻埠。

12 月 30 日上午 9 时，徐向前部进至东香火岭与中路敌先头团遭遇，经 4 个多小时激战，全歼该团；敌另一个团退至香火岭以东之同兴寺，也被红军第 1、第 3 团包围歼灭。此时，右路之敌 271 团已进至西香火岭。许继慎当即调第 4 团前往迎击，首先歼敌一个营。余敌溃不成军，团长柏心山被红军活捉。第 4 团乘胜追击 20 余里，在石婆店与南下的第 6 团前后夹击，将其全歼。

乘东西香火岭激战之隙，来自霍山的敌左路一个团占领了麻埠附近的梁山，并有一部突入镇内。镇内只有军部的少许警卫部队，情势十分危险。许继慎凭着丰富的作战经验，一面指挥警卫部队和机关人员沉着应战，将敌军赶出镇外；一面速调第1团星夜回援，内外夹击敌军。该路敌军在遭受痛击后，狼狈逃回。这次战斗，红1军共歼敌3个团，击溃敌3个团，毙俘敌团长以下3000余人，缴获长短枪1700余支、迫击炮数门和电台1部，成为粉碎敌皖西“围剿”的关键一仗。各部“进剿”之敌分别撤往六安、霍山、商城、固始。

1931年年初，许继慎和前委将红3师余部和红2师两个连及六、霍补充营合编为第3师第7团，留在皖西活动。随后率红1军主力撤离麻埠，向豫南进击。1月14日，红军行至商城二道河附近的叶家墩子，徐向前率第1团作前卫，正在围歼当地反动民团时，自金家寨北撤的敌30师一个团突然从红1团背后的山上扑下来，使红一团两面受敌。双方激战之际，许继慎率军部直属队赶到，立即投入战斗。经2个多小时的激烈苦战，才击溃敌人，俘敌数百，获枪400余支，并首次缴获山炮两门。接着，许继慎派小部兵力解决了叶家墩子的民团，大队人马乘胜追歼敌30师彭国桢旅另2个团。敌人逃往商城。至此，豫南敌人的

“围剿”又被红 1 军粉碎，鄂豫皖边区敌人被迫转入守势，红 1 军发展到 1.25 万余人。

“飘忽战略”威力大

1931 年 1 月中旬，许继慎率红 1 军进驻商城二道河，曾中生派旷继勋、蔡申熙等人前来，传达中央关于合编红 1 军和红 15 军的决定。红 1 军和红 15 军在长竹园会合后，随即开往麻城县的福田河，根据中央决定正式合编为中国工农红军第 4 军，归中共鄂豫皖特委直接领导。全军 2 个师、1 个独立团，以中央派来的旷继勋、余笃三分任军长和政治委员，徐向前任参谋长，曹大骏任政治部主任。第 10 师师长蔡申熙，政治委员陈奇，副师长刘英，下辖第 28、第 29、第 30 团；第 11 师师长许继慎，副师长周维炯，政治委员庞永俊，下辖第 31、第 32、第 33 团。这次改编，许继慎由军长改任师长，但他没有因职务的变动而减弱工作责任心和革命意志。相反，他在特委的领导下，更积极地指挥作战，取得一个又一个重大胜利。

合编后的红 4 军，面临的紧迫任务，是转入战略反攻，收复失地。中共鄂豫皖临时特委制定的作战方针，即以红军主力突击敌弱点，调动敌人于运动中加以消灭，以一部分兵力配合地方武装，扫清后方。

根据上述作战方针，许继慎同旷继勋、徐向前等人商定反攻的第一仗是围攻磨角楼，以吸引并痛击援敌。磨角楼位于麻城以北，守敌为夏斗寅部一个营及反动民团一部，约 4 个连兵力。1931 年 1 月 26 日拂晓，军长旷继勋亲率第 10 师两个团围攻磨角楼，徐向前和许继慎率 4 个团作预备队，待敌增援时，在野战中“出奇兵而消灭之”。磨角楼被围后，敌第 13 师副师长朱怀冰果然率 4 个团由麻城来援，行至骑骡铺以北地区，遭许继慎部红 11 师的迎头痛击。由于攻坚部队伤亡很大，旷继勋将准备打援的预备队陆续调去围攻磨角楼，削弱了打援力量。本来，许继慎与徐向前等主张，针对敌夏斗寅部善守而不善野战的特点，有计划地采用

“围点打援”战术，以 1 个团围点，集中 5 个团的兵力在运动中逐个消灭援敌，然后再解决点上的敌人。但军部主要领导主张既攻坚又打援，平分了兵力，结果是攻坚增加伤亡，打援又兵力不集中，没有形成拳头。面对 4 个团装备优良的敌军，许继慎率领不足 3 个团的红军沉着应战，顽强阻敌。当军部一再要求他抽兵去攻磨角楼时，他实在是抽调不出兵力了，而且抽兵攻坚又违背了围点打援的战术原则，因此没有抽兵。经过 3 天的激战，许继慎部红 11 师毙敌 500 余人，缴获长短枪 1000 余支，最终确保了磨角楼被攻克。战后，一些干部战士私下议论说新军长不会打仗，甚至为许继慎由军长降为师长抱不平。许继慎严厉制止这种不利于团结、有损领导威信的言论。他说：新军长是中央任命的，又新来乍到，情况不熟，在敌情判断和军事指挥上难免出错。我们要维护党的统一领导和指挥，只能帮助新军长工作，不能私下乱议论。

2 月初，中共鄂豫皖临时特委在黄安县杨李家召开扩大会议，正式组成中共鄂豫皖特委和鄂豫皖革命军事委员会，曾中生任特委书记兼军委主席。

会议进一步肃清了以李立三为代表的“左”倾错误路线在鄂豫皖根据地的危害，总结第一次反“围剿”斗争的经验，制定新的工作方针和措施，使红军和根据地走上了健康发展的道路。

2月中旬，红4军利用春节短期休整之机，召开第一次党员代表大会，传达贯彻临时特委扩大会议精神。许继慎出席了这次大会，并被选为红4军前委委员。鉴于平汉线南段敌军守备空虚，许继慎奉命率部首先向平汉线出击。3月1日，部队开至信阳南部、武胜关以东的三里城地区，侦悉敌人一个旅将从信阳乘火车南下。许继慎遂派周维炯率红33团奔袭李家寨车站，自己率另两个团在铁路两侧担任警戒，相机击敌。红33团顶风冒雪，连夜袭占李家寨车站，将车站人员和设备全部控制起来，严密封锁了消息。次日晨7时，敌兵车开来，司机见站南段铁轨被拆除，来了个急刹车，车上敌人一个个被撞得晕头转向。乘敌人尚在混乱之中，埋伏在车站的第33团突然发起袭击。经过短短几分钟的猛烈冲杀，全歼敌新编第12师第1旅，毙敌旅长侯镇华，缴获大批军火物资。

战斗胜利后，部队撤离李家寨。3月5日，许继慎率部又袭击柳林车站并再度占领李家寨车站，全歼守敌新编第82师一个营，击溃新编第12师两个团。这两次战斗，红11师共毙俘敌200多人。许继慎指挥部队忽进忽退，有攻有防，打了就走，有了机会再来，因而打得敌人晕头转向，措手不及。曾中生把这种打法叫作“飘忽战略”，许继慎便是首先实施“飘忽战略”的红军指挥员。

由于红11师在平汉线以“飘忽”行动袭占李家寨和柳林车站，逼近信阳，使敌人大为惊恐，慌忙调动大批军队企图沿平汉线南北夹击红4军。各路进击的敌军，以岳维峻第34师最为突出，3月8日即进至广水以西双桥镇地区，离红4军主力集结的三里城、大新店仅50里地。军部当即决定：留红11师第32团在三里城监视北面敌人，集中红11师主力和红10师全部及罗山独立团等优势兵力，乘敌立足未稳实施奇袭，以消灭孤立冒进之敌。部队连夜向双桥镇进发，于3月9日拂晓发起攻击。许继慎和周维炯指挥红31团和红

33团分别采取正面突击和迂回穿插、分割敌人等战术，打乱了敌人的指挥系统。红4军在附近群众及地方武装的支持下，经7个多小时激战，毙敌上千人，俘敌师长岳维峻及以下官兵5000余人，缴长短枪200余支、迫击炮10多门、山炮4门。

双桥镇战斗是鄂豫皖军民在粉碎敌人第一次“围剿”后实施进攻作战所取得的一次空前大捷。根据地内一片欢腾，到处掀起劳军、参军热潮。在此情况下，鄂豫皖特委于3月下旬将活动于皖西的中央教导第2师改编为红4军第12师，将军委警卫团和光山、罗山、黄安3县独立团合编为警卫师。为扩大和巩固根据地，争取更大胜利，特委还根据许继慎等人的建议，确定下一步的行动方针：以地方武装和部分主力红军肃清鄂豫边和商南地区的反动民团，而以大部兵力南下向长江沿岸前进，主要任务是乘胜占领武穴，截断长江，炮击敌人兵舰与恢复蕲（春）黄（梅）广（济）根据地，配合中央苏区进行反“围剿”斗争。

柳林站
50

3月中旬，蒋介石开始布置对鄂豫皖区新的“围剿”，调集10多个师十二三万人，限令5月底“完全肃清”鄂豫皖红军，并在战术上改用“追堵兼施”，齐头并进，以免各部队行动不一致，被红军各个击破。4月上旬，敌各线堵击部队开始在根据地边沿地区展开“清剿”。皖西之敌乘红军主力不在，首先以第46师两个旅及反动民团向皖西根据地进犯。

4月11日，中央派来组建鄂豫皖中央分局的张国焘到达鄂豫皖边区，得知红4军已决定到长江下游行动，立即加以制止，并按照当时中央的指示精神，决定红4军主力去肃清商城地区的民团，打通商、光路线，将黄、麻、光与皖西连成一片。但在这时，敌人已开始第二次大“围剿”。

4月17日晚，张国焘与中央派来任鄂豫皖省委书记的沈泽民在商城地区会面，并“举行高级军官的军事会议，通过了许继慎提出的作战计划”。许继慎认为麻埠5个团的敌人已侦知红军的策略，并已严密设防，因此，红军应以一部分绕道30余里去袭击独山之敌，大部分对付麻埠和苏家埠前来增援的敌人。其中对苏家埠1个旅的敌人，可隔河予以严密监视，而以主力引诱麻埠敌人出援，在野战中消灭敌人，乘机占领麻埠。4月20日，红4军主力由商南地区向皖西开进。4月25日，许继慎指挥红10师和红11师各两个团突袭独山之敌，旷继勋率红12师负责阻击麻埠援敌。附近西两河口、南岳庙、石婆店等地赤卫队和群众听说许继慎率领红军又打回来了，都纷纷前来助战。当天拂晓，许继慎先令第30、第33团分别向独山外围阵地马家大尖和黄伯垸等地展开攻击，歼灭一部分敌人。上午8时，独山镇内敌人向外围增援，许继慎当即令红29团乘机自三里岗南下直扑独山镇，经4小时激战，全歼独山守敌1个多团，毙、伤、俘敌2000多人，缴枪1200余支。麻埠之敌闻独山遭红军攻击，便分兵一部出援。但由于军部指挥打援部队出击过早，目标暴露，敌人很快就缩回麻埠。当日下午，麻埠、诸佛庵等地敌人害怕被歼，仓皇败退霍山。这样一来，皖西被敌侵占的村镇，均又恢复。敌第一步“肃清”鄂豫皖红军的计划破产后，又重新调整部署，调4个师向东集结，企图将红 4 军主力阻击、消灭于皖西地区。正当敌人“围剿”重心东移之际，红 4 军主力又迅速西进，突破敌人阻击线，于 5 月 9 日到达新集北面的浒湾，与南进之敌第 53 师 4 个团相遇。许继慎首先率部抢占浒湾有利阵地，顽强阻击、杀伤敌人，使兄弟部队顺利转入反击。经一昼夜激战，红军毙、伤、俘敌近千人。余敌狼狈逃窜，困守泼陂河。敌“追剿”部队见东、北两线堵击部队相继遭受严重打击，未敢再深入。敌第二步“围剿”计划又告流产。

5 月下旬，红 4 军为进一步打破敌人“围剿”，保卫麦收，又转向南线黄安地区出击。5 月 28 日，许继慎率红 11 师围攻黄安、宋埠间敌供应线上的桃花店据点，吸引黄安之敌来援。援敌一个旅在十里铺被红军埋伏部队歼灭大半，桃花店也被攻克，守敌第 44 师一个营被全歼。至此，敌人的第二次“围剿”又被彻底粉碎。在为期 1 个多月的反“围剿”中，许继慎屡献奇策，数出奇兵，战功卓著，威震敌胆，充分显示出一个军事家的雄才和胆略。

大别山上挺如松

1931 年春，“左”倾路线在党中央占据统治地位，中央派张国焘、沈泽民、陈昌浩到鄂豫皖根据地，成立中央分局和省委，进行所谓的“改造党和红军”工作。

当时，许继慎正指挥所部在皖西作战，与先行入皖的沈泽民发生激烈争论。沈泽民这位年仅 31 岁的省委书记 3 月下旬进入皖西苏区后，最大的特点就是“左”得厉害。在皖西苏区的所见所闻，与他的心目中的“布尔什维克标准”大相径庭，这里的老百姓甚至连苏维埃的准确含义都不清楚。

沈泽民拿苏联的模式去检视正在创建之中的苏区，结果发现许多“惊人”的问题。他的结论是：皖西根据地目前的发展状态，纯粹是群众自发斗争的结果，苏区没有真正意义上的“共产党和红军组织”，一切需要推倒重来。

这个结论点燃了皖西特委的怒火。他们拒绝与沈泽民讨论问题，也不邀请他参加特委会议。许继慎从没遇到过像这样下车伊始、非批即训的“中央领导”。他几次找沈泽民交换意见，结果都不被沈泽民采纳。

4 月中旬，张国焘由鄂豫边专程赶到皖西与许继慎见面。他到根据地十几天，发现许继慎拥有巨大的影响力：几乎所有的人都认为，许继慎是红 4 军中最能干的师长，曾中生指挥军事工作，也非常重视听取许继慎和徐向前的意见，其信任程度可以用“言听计从”4 个字形容。在皖西根据地，许继慎的威望很高，为了取得许继慎的支持，张国焘伸出了“橄榄枝”。

许继慎与张国焘相识已久，最早见面是在 1926 年“中山舰事件”后。当时，张国焘作为中央代表来到广州，执行陈独秀右倾机会主义政策，强迫在粤中央委员接受蒋介石所有条件，强制周恩来、许继慎等几百名共产党员从第 1 军退出。

接风宴上，张国焘有意提起两人的交往：“继慎同志，你还记得南昌暴动吗？你有伤在身，是我作出的决定，在暴动前夕将所有受伤人员全部转移到外地……”言外之意是许继慎能够活到今天，应该感谢他的照顾。

而许继慎却说：“不能参加南昌暴动，是我终身的遗憾！军人以战死沙场、马革裹尸为荣，何况是这样一件震惊世界的伟大事件。你当时如果不把我送走该多好！”

张国焘换过话题，继续给许继慎戴高帽子：“我一路从鄂东北过来，边走边看，发现皖西比鄂豫边繁荣，沿途农舍和茶园没有遭受严重的毁坏，各个集镇生意兴隆，粮食也很丰裕，特别是还能保持与外面的贸易往来，真是开了眼界。这里的情况，就像民谚里唱的：‘金麻埠，银独山，苏家埠就是金銮殿。’你是这里的主要领导人，功劳不小，我听说你在军事上能力很强，曾中生指挥打仗主要靠你们许、徐（指许继慎、徐向前），我希望你像支持曾中生一样支持我。”

两人就全局性的问题交换意见。随着交谈的深入，两人的神情都起了变化。许继慎认为边区执行的路线是正确的，苏区根本不存在所谓“立三主义残余”或“调和主义”的问题；根据地党政军和群团组织都是土地革命过程中诞生和壮大起来的，是纯洁的，可以信赖的，不存在“从头做起”或进行“彻底改造”的问题；中央代表应该尊重和团结根据地的领导人，不能盛气凌人，动辄“扣帽子”“打棍子”；红军部队要波浪式地向外发展，在发展中解决根据地面临的问题，不能固守不出；土地政策要切合当地情况，要对地主、富农采取给出路的政策……

张国焘的脸色越来越难看。许继慎虽然批评的是沈泽民，但锋芒却深深地刺痛了张国焘，因为张国焘与沈泽民所持的都是相同的观点，他们的任务就是贯彻执行许继慎所反对的政策。令张国焘反感的还有一点，就是许继慎爱谈政治问题，不仅爱谈，还十分在行。张国焘最欣赏的是埋头打仗、不插手政治的军官。失望的张国焘意识到许继慎不仅不是可以倚重的同路人，而且还是坚定的反对派。他对沈泽民等人说：“许继慎是个才华毕露的人，爱谈政治，他的观点要不得。”张国焘、沈泽民虽然都把许继慎视为推行“左”倾政策的主要障碍，都想削弱其权威，但是，两人的策略完全不一样。

沈泽民虽然“左”倾，但为人正派，希望通过正常的党内思想斗争，采取辩论、说服甚至是交锋的方式，公开地纠正他认为不正确的行为或倾向。

张国焘早就盘算过了，自己和沈泽民一样，在军事上一窍不通，如果在军事方针、行军作战、部队训练上攻击许继慎，那是自取其辱。在政治上寻找突破口同样行不通，许继慎是老党员，具有丰富的政治经验，而且他所坚持的一些观点代表了苏区大部分干部的意见。张国焘出人意料地把攻击方向锁定在许继慎的所谓“个人生活作风”上，因为这是最容易败坏一个人形象和最说不清的事情。他有意造谣，将许继慎当过国民党的团长、在上海做统战工作时过着花天酒地的生活等一些子虚乌有的“事例”通报给沈泽民，要求他在党的代表大会上带头“开火”、进行批判。

结果，由张国焘导演的总攻击在苏区党员代

表大会上达到了高潮。6 月下旬，在鄂豫皖苏区首府新集，全区党员代表大会隆重召开。军队连以上干部和地方负责人共有 900 余人出席会议。这次会议实际是张国焘到根据地后主持召开的一次全区干部大会。会议的主题是讨论根据地建设中的一些重大问题。

“同志们，不要把视线全部集中到军事战略和政策、法令这些所谓大问题上。其实一些看似不起眼的小事、鸡毛蒜皮的小毛病，如果不及时解决也会酿成大错，比方说，部队中的游击习气、生活作风等。”张国焘有意抛出话题。

沈泽民推上炮弹就开火：“说到部队中的军阀作风、土匪习气，许继慎同志应当反省自己……”

对于突如其来的攻击，许继慎始料未及。他一一驳斥所谓的“事例”后，强调：“我是老党员，又是北伐老战士，对于党纪军规向来是严格遵守的。说我强奸妇女或乱搞姘头，纯属诬蔑，我要求组织澄清这些问题，如果证实是我所为，请给我处罚。”

在党的大会上以虚假的事例公开指斥高级将

领，这在鄂豫皖的历史上，是从来没有过的。会议像泼了水的油锅，顿时乱成一团。一些不明真相的干部纷纷发言，提出批评意见。会议“揭批”的对象越来越广，许多师级干部被点名，军委分会主席曾中生和军政委余笃三被指为有纵容之责。

这正是张国焘的意图。他就是要打击以曾中生、许继慎为代表的党内抵制“左”倾政策的反对派。

与此同时，沈泽民等人随意诋毁高级将领的做法，也引起了绝大多数主持公道干部的义愤。他们向张国焘提意见，要求公开说明许继慎等人被冤的实情、公开批评沈泽民，纠正党内斗争中这种极为恶劣的先例。

挑起事端的张国焘在整个批斗过程中始终保持超然的姿态。他让沈泽民、陈昌浩等人打头炮，自己则默不作声。在初步打击许继慎之后，他又出来做好人，拉着蔡申熙找许继慎、曾中生谈心。

在大是大非问题上，曾中生一向态度鲜明，这次也不例外。他直截了当地说：“这次会议出现了很不好的苗头。沈泽民闭着眼睛念经，根本不了解苏区的实际，他所提的见解都是照抄照搬的教科书，特别是他在党内动辄给人戴帽子、打棍子，已经引起本地干部的强烈不满。他脱离这次会议的主题，收集道听途说的传闻来攻击许继慎，应该公开批评。党内不能开此先河！”

张国焘见曾中生批沈泽民偏离会议主题，也拿会议主题做文章：“这次会议的主题是反‘立三路线’和‘右倾政策’，不应当转移目标去批评沈泽民……目前大敌当前，应该一致对外，希望继慎同志不要心存芥蒂。”许继慎心里明白，把炮放得山响的沈泽民只是书生意气，而不动声色的幕后主使则是这位“钦差大臣”。为了红军的事业，他决定忍辱负重，表态说：“自参加革命那天开始，我就将个人的生死荣誉抛在脑后。对于泽民同志、国焘同志，有意见我还是会提的，但对给我的造谣伤害，我绝不接受，因为这不仅是对我个人的伤害，也是对革命的伤害！我现在只想一件事，就是上前线、打胜仗。”

1931 年夏，中央根据地第三次反“围剿”正处于最紧张的时期，中央要求各战略区域的主力

皖西作戦地圖

红军立即采取军事行动，援助中央根据地。7月上旬，鄂豫皖苏区军事委员会在商城余家集召开扩大会议，讨论红4军行动方针，史称“余家集会议”。

会议在余家集一个祠堂举行，十几张条凳围着一张八仙桌。张国焘坐在正中间发表“高见”：“援助江西中央苏区第三次反‘围剿’斗争是我们当前刻不容缓的政治任务。大的任务定下来后，现在要讨论的就是如何援助。我考虑了几天，可以说忧心如焚、寝食难安……我的计划是这样：红4军先打英山，然后出潜山、太湖，打下安庆，再进击南京，抄蒋介石的老窝！”

他的建议令红4军将领目瞪口呆，曾中生、徐向前不停地摇头，许继慎按捺不住地发出冷笑。

“继慎同志，你笑什么？”张国焘恼怒地问道。

“张主席，你看过皖西的地图没有？”许继慎直接戳到张国焘的痛处。他一边在地图上比画着，一边说：“从英山到安庆，仅直线距离就有400多里，其中大部分都是白区，沿途还有国民党军需要扫除。杀敌一万，自损三千。除去战斗减员外，我们从英山东出，每攻一地，都需要留兵镇守，这样逐次减兵，还能有多少兵力可以攻击安庆？根据我的计算，即使红军能够顺利冲到安庆，手上能够运用的兵力也只有两三个团，用两三个团去攻打敌人重兵设防的大城市，能有多少把握？恕我说句不客气的话，东出计划是个根本不可能实现的冒险计划，纯属纸上谈兵。”

辛辣的语言像鞭子一样抽到张国焘的脸上，他强压住胸中的怒火，说：“既不能光听我的，也不能光听你的，还要听听大家的，都说说吧。”

曾中生、旷继勋、刘士奇、徐向前、周维炯等红4军将领都不同意东出计划，他们一致赞成曾中生提出的南下老苏区——蕲春、黄梅、广济的计划。只有沈泽民、陈昌浩维护东出计划。

张国焘被激怒了，为维护自己遭到挑战的权威，他动用了所谓“书记的最后决定权”，拍板决定红4军立即执行攻英山、出潜太、进逼安庆、威胁南京的东出计划。会后，他改组了红4军，任命徐向前任红4军军长，曾中生为政委，刘士奇为政治部主任，刘英、周维炯、许继慎分别担任红 10、红 11、红 12 师师长。

7 月下旬，红 4 军集中 3 个师共 5 个团的兵力从商南地区向皖西开拔。8 月 1 日，兵抵英山，向县城发起攻击。英山城虽然只驻有国民党一个团及反动民团一部，但依山建城，城墙高陡，易守难攻。从拂晓到午后，红军从西、南、北 3 个方向围攻，只占领了几个城外据点，进展不大。这时，许继慎来到军部指挥所："三面用兵，不如一面用强。我建议把攻城兵力集中到城西北，只要能打开一个缺口，敌军就会土崩瓦解。"

徐向前眼睛一亮。县城西北方向有船形山和凤形山，居高临下，距城又近，只要攻下这两个制高点，就可以控制大半个英山城。于是，当即调整兵力。8 月 1 日下午 4 时，红军以一部佯攻城北，集中主力从西北突破。许继慎率领红 12 师冲在最前面。这个师的战士大半是皖西子弟兵，熟悉这里的地形。仅用了 2 个小时，红军即消灭守城官兵 1800 余人。

首战告捷后，军部不见一丝喜色，反而气氛凝重，冒险的东进计划压得大家喘不过气来。曾中生、徐向前、许继慎等人反复交换意见，觉得不能明知东进是火炕还往里跳，为了红军的前途，应该改变行军计划，向地形、民情都更加适宜作战的蕲黄广地区前进。根据多数红军将领的意见，曾中生作出决定，红 4 军停止东进，转而南下。8 月 2 日，曾中生、徐向前令许继慎率红 12 师留守英山，巩固后方，自己带领红 10、红 11 师向南进击。南进途中，红 4 军将改变军事计划的情况及理由向中共中央和鄂豫皖中央分局作了详细的报告。

事实证明，实施南下作战是英明的决策。红 4 军在一个月内，横击浠水，回扫罗田，突袭蕲春，进驻广济，连下四城，兵临长江，不仅歼敌 5000 余人，而且还将蒋介石准备派往中央苏区执行“围剿”任务的徐源泉第 10 军钉在长江北岸，动弹不得。但是，张国焘却为红 4 军公然违抗他的命令而暴跳如雷。他迅速召集中央分局成员开会，指责曾、徐“公开抗拒分局命令”，“犯了严重的路线错误”。就在这时，有人毫无根据地告发曾中生南下蕲黄广地区的真正目的是准备将红 4 军拉过长江，带往中央苏区。

“他们好恶毒呀，这是想叫我们变成孤家寡人当国民党的俘虏吗？！这是通敌行为！”张国焘急得直跳脚，深悔将兵权交给曾中生：“在这次‘反党事件’中，起主要作用的是曾中生、许继慎。徐向前军事上可以，但政治上不坚定。目前的燃眉之急是撤销曾中生的职务，把部队拉回根据地。”

暴怒之下，张国焘用鄂豫皖中央分局和军委会的名义命令曾中生：“信到三日必须立即北返，曾中生同志全盘负责其事。至于是非曲直，待北返后面商。如果继续踟蹰不返，后果将由曾中生全部承担。”

接到鄂豫皖中央分局的命令，红 4 军被迫北返。在英山城外，许继慎率部迎接军部时，诧异地问道：“怎么这么快就回来了？”

曾中生掏出鄂豫皖中央分局的指示信递给他。在信中，鄂豫皖中央分局指责红 4 军南下行动是对上级领导“公开的抗拒”，“把红军行动与土地革命隔离”，“原则上是根本错误的”；红 4 军与中央分局的分歧不是军事策略上的分歧，而是原则上路线上的分歧。

“张国焘还讲不讲道理？他凭什么颠倒黑白？大路不平众人踩！我建议，召开红军中连以上干部公开地讨论分局的信，看广大指战员同不同意他张国焘的看法？”许继慎气愤地说。

处在义愤之中的曾中生觉得有道理：“我接受你的意见，开会让大家说自己的想法。”

徐向前也感到胸中郁闷，需要统一全军将士的看法，不能任凭张国焘往红军头上泼脏水。

9 月 4 日，红 4 军在英山鸡鸣河召开全军支部书记、指导员以上干部会议，总结南下以来的军事行动和讨论张国焘发出的指示信。与会干部一致反对张国焘对红 4 军的无理指责，通过了全体将士致鄂豫皖中央分局的申明书，列举事实，逐条反驳强加的罪名。申明书起草后，许继慎第一个签名。

鸡鸣河会议后，军部派政治部主任刘士奇先行一步，赶至新集，将申明书交给鄂豫皖中央分局，并口头陈述全军将士的意见，明确表示南下行动是正确的，要求将东出与南下之争上交中央裁决。

红4军指战员全部倒向曾中生、许继慎，这个结果是张国焘没有想到的。他意识到，摊牌的时候到了，如果不能扳倒和消灭以曾中生、许继慎为代表的反对派，他将威信扫地，无法执行“左”倾政策，无法控制根据地的红军，无法实现家长制统治的野心。

张国焘把申明书翻来覆去地看了几遍。申明书的后面几页纸是红军将领的签名，几乎所有红4军团以上干部都签了名。许继慎的签名特别引人注目，3个大字银钩铁画，遒劲有力，足足占了5个人签名的位置。张国焘突然联想到不久前已经结案的国民党特务策反许继慎的案件，顿时计上心来。他主持召开鄂豫皖中央分局和军委会联席会议：“曾、许发展到了公开反抗的地步，除了撤换之外，别无其他办法！而且还有迹象表明，红4军可能正在被国民党特务、叛徒所控制，他们的头目就是许继慎，曾中生、徐向前等人都被蒙在鼓里。这里有我们查获的一封国民党特务头目曾扩情写给许继慎的亲笔信，从信上的内容看，他们早已勾结，正准备拖枪外逃。”

信件在众人手上传阅，鄂豫皖中央分局和军委会成员非常震惊。他们同意张国焘提出的两条决定：一是派陈昌浩赶赴红 4 军，取代曾中生担任红 4 军政治委员之职；二是在红 4 军中立即进行“肃反”，采取果断措施，扑灭特务企图组织叛变的阴谋。

9 月中旬，陈昌浩奉信赶赴皖西，在麻埠追上红 4 军，勒令曾中生立即离开部队，返回鄂豫皖中央分局接受“审查”，同时将一张“肃反”的大网罩向许继慎。随后，许继慎便被以“莫须有”的罪名关押起来。

据记载，1931 年 11 月中旬，张国焘下令秘密处死了许继慎。遇害时，许继慎年仅 30 岁。

05 尾　声

许继慎之死，令红四方面军指战员感到十分痛惜。

许继慎之死引起了徐向前的深思。他不止一次地总结过其中的教训，他把白雀园死难者的悲剧归结为“‘左’倾中央的错误政策、品质不好的一把手兴风作浪、一些领导同志害‘左’倾幼稚病和逼供信”。他尖锐地指出：“张国焘这人不是没有能力，但品质不好，他是借口‘肃反’，剪除异己，建立个人统治。像张国焘这种品质不好的人，搞家长制统治的人，根本就不该派来鄂豫皖当一把手，这是第一条教训。”

“红白忠奸，历史自有公论。”

1945 年，党的七大为在错误“肃反”中死难的烈士平反，许继慎的名字列入《革命烈士英名录》第一册第一名。

1981年，中共六安县委为许继慎修建了烈士陵园。陵园位于今安徽省六安市裕安区土门店许继慎故居处，由许继慎雕像、纪念馆及许继慎故居3部分组成，占地6000多平方米。许继慎将军纪念馆占地400平方米，前方树有许继慎的铜像，高2.8米，底座为黑色大理石，徐向前元帅题有“中国工农红军第一军军长许继慎同志之墓”的碑文。陵园内还有事迹陈列馆等建筑及设施。

1981年，胡耀邦在庆祝中国共产党成立60周年大会上，称许继慎是“早年为党为国捐躯的人民军队的杰出将领”。

1989年，许继慎被中央军委确定为中国人民解放军军事家。

1996年，为纪念中国人民解放军建军75周年，国家邮政局发行了《人民军队早期将领（一）》纪念邮票，许继慎位列其中。

2001年11月28日，安徽省委、省政府及省军区在六安市隆重举行许继慎将军百年诞辰纪念活动。

2009 年，在中央宣传部、中央组织部等 11 个部门联合组织的评选活动中，许继慎被评为“100 位为新中国成立作出突出贡献的英雄模范人物”之一。

许继慎对党的一片忠诚必将永远被世人铭记！

许继慎对中国革命作出的巨大贡献、用热血和生命铸就的历史丰碑必将永远矗立在人民心中！

后 记

许继慎是中国工农红军的高级将领、军事家，为中国革命献出了宝贵的生命，作出了巨大的贡献。从许继慎的身上集中地体现了共产党人的优秀品质，闪烁着伟大的建党精神和大别山精神，是为新中国成立作出突出贡献的英雄模范。为编写许继慎的故事，我认真查找了有关许继慎将军的书籍和资料，并先后到将军的故乡和陵园进行了参观、考察和学习。

经过数易其稿、反复修改，终于形成了《许继慎》一书。在编写过程中，得到军事科学院军队政治工作研究院领导和相关人员的大力支持。赵一平、康月田、张明金、李平、李博、陈政举等多位专家学者进行了审读，提出了宝贵的意见。

主要参考书目有:《许继慎将军传》《军事家

许继慎》《金寨县革命史》《皖西革命史》及《中国无产阶级军事家——许继慎》《功勋卓著的红军将领——许继慎》《碧血悲歌——许继慎》等资料。

在此，谨向关心和帮助本书编写工作的各位领导、专家学者，以及上述书目作者、编辑致以最诚挚的谢意！

图书在版编目（CIP）数据

许继慎 / 军事科学院解放军党史军史研究中心编
. --北京：学习出版社，2022.11
（中华先烈人物故事汇）
ISBN 978-7-5147-1102-8

Ⅰ.①许… Ⅱ.①军… Ⅲ.①许继慎（1901—1931）—传记 Ⅳ.①K825.2

中国版本图书馆CIP数据核字（2021）第250906号

许继慎
XU JISHEN
军事科学院解放军党史军史研究中心

责任编辑：彭绍骏　　封面绘画：刘书移
技术编辑：朱宝娟　　内文插图：韩新维
美术编辑：杨　洪　　装帧设计：楠竹文化

出版发行：学习出版社
北京市东城区崇外大街11号新成文化大厦B座11层（100062）
010-66063020　010-66061634　010-66061646
网　　址：http://www.xuexiph.cn
经　　销：新华书店
印　　刷：北京盛通印刷股份有限公司

开　　本：787毫米×1092毫米　1/32
印　　张：5.5
字　　数：78千字
版次印次：2022年11月第1版　2022年11月第1次印刷

书　　号：ISBN 978-7-5147-1102-8
定　　价：21.00元